野菜と栄養たっぷりな具だくさんの
主役サラダ200

エダジュン

葉野菜のおいしいシャキシャキ音、
根菜を食べたときのホクホクとした食感。

カラフルな野菜は見た目も美しく、
生のまま食べて素材そのものを味わうのはもちろん、
焼いたり、炒めたり、蒸したり、漬け込んだりと、
調理法ひとつで違う表情を見せてくれます。

サラダは、楽しい料理です。

本書では、素材の味を活かした繊細なサラダから、
肉や魚を使ったボリューム満点のわんぱくなサラダまで、
ドレッシングやトッピングも含めた全200レシピを紹介しています。

たくさん食べても、野菜の栄養たっぷりでヘルシー！
野菜不足なときや献立に迷ったときは、
ぜひ本書をめくってみてください。
お腹いっぱいで身体にもうれしい、
主役級のレシピがたくさん登場します。

たくさんのサラダが、多くの食卓を彩りますように。

エダジュン

もくじ

009 おいしいサラダを作るポイント

1章
洋風サラダ

- 010 マッシュルームとルッコラの
レモンサラダ
- 012 冷やしトマトのアンチョビサラダ
- 013 かぶと白いんげん豆の
ミントバターサラダ
- 014 アスパラとかぼちゃの
ゴルゴンゾーラサラダ
- 015 焼きキャベツとベーコンの
バーニャカウダサラダ
- 016 トルコ風なすの肉詰めサラダ
- 018 マッシュルームのファルシーサラダ
- 019 ほうれん草としめじの
アヒージョサラダ
- 020 れんこんとエリンギの
ジェノバサラダ
- 021 ポテトとカリフラワーの
スイートチリサラダ
- 022 5種の具だくさんコブサラダ
- 024 シーザーサラダ
- 025 紫玉ねぎと生ハムのマリネ
- 026 ひよこ豆とパセリのフレンチサラダ
- 027 紫キャベツとにんじんの
コールスロー
- 028 芽キャベツとじゃがいもの
アンチョビバターサラダ
- 029 里芋とチョリソーの
粒マスタードサラダ
- 030 チキン南蛮風タルタルサラダ
- 032 ナポリ風カポナータサラダ
- 033 カマンベールチーズの
グリルチキンサラダ
- 034 さつまいもと手羽元の
グリルチーズサラダ
- 035 とうもろこしと
サルサチキンのサラダ
- 036 ミントミートボールと
ブロッコリーのサラダ
- 038 ヤングコーンと豚肉の
トマトチリサラダ
- 039 にんじんとローストポークの
雑穀サラダ
- 040 タコライス風温玉サラダ
- 042 グリルステーキの
わさびマスカルポーネサラダ
- 043 牛肉とミニトマトの
バルサミコサラダ

044　コンビーフとローズマリーの
　　　ジャーマンポテトサラダ
045　ガーリックトーストの
　　　パンツァネッラサラダ
046　えびアボカドの明太マカロニサラダ
048　レモンガーリックシュリンプサラダ
049　たらことカニカマの
　　　カルボナーラ風スパサラ

050　いかとラディッシュの海鮮サラダ
051　しらすとレタスの
　　　ペペロンチーノサラダ
052　サーモンのセビーチェ
053　オイルサーディンのパクチーサラダ
054　かじきチーズフライの彩りサラダ
055　ハワイ風ポキサラダ

056　(column 1.)　生野菜をおいしく食べる30のドレッシング

2章　和風サラダ

064　あじの干物とひじきの
　　　ガーリックサラダ
066　ぶりと水菜のハリハリサラダ
067　大根と塩麹マヨたらの甘辛サラダ
068　かいわれ大根としらすの
　　　黒酢ジュレサラダ
069　たことセロリのわさびマヨサラダ
070　しいたけと白子の
　　　ポン酢バターサラダ
072　キャベツとあさりの酒蒸しサラダ
073　牡蠣とわさび菜の和風サラダ

074　ほたてと大根のとびっこサラダ
074　千切り根菜とツナののりマヨサラダ
076　黒ごまチキンと九条ねぎのサラダ
078　野沢菜とささみのねぎ塩サラダ
079　みそ漬けささみと白菜のサラダ
080　彩り野菜と竜田揚げのゆずサラダ
081　レモン照り焼きチキンのサラダ
082　キャベツと焼きつくねの
　　　お月見サラダ
084　ブロッコリーと塩そぼろの
　　　あんかけサラダ
085　肉みそもやしの温玉サラダ
086　焼きねぎと砂肝の
　　　ゆずこしょうサラダ
087　ごぼうと手羽中の甘辛ホットサラダ
088　春菊と牛たたきのすだちサラダ
089　揚げれんこんと牛しぐれのサラダ
090　牛しゃぶとアボカドの
　　　和風ごちそうサラダ
091　豚しゃぶとなすの明太おろしサラダ
092　長芋とめかぶの豚しゃぶサラダ

005

093	豚肉と高菜の明太ホットサラダ	102	納豆とモロヘイヤの ネバネバ春雨サラダ
094	薬味たっぷり！ しょうが焼きサラダ	102	納豆とキャベツの昆布マヨサラダ
096	いぶりがっこと味玉のポテサラ	104	たけのこと厚揚げのしょうがサラダ
097	梅おかかディップの スティック野菜サラダ	105	セリと磯部ちくわのサラダ
		106	アボカドとなめこの和風みそサラダ
098	たたききゅうりとパクチーの さっぱり塩サラダ	107	まいたけとじゃがいもの ゆずマヨサラダ
099	ゴーヤとキャベツの塩昆布サラダ	108	枝豆とひじきの梅肉サラダ
100	かぶと4種薬味の梅麹サラダ	109	クレソンと春菊の和風サラダ

110　(column 2.)　おいしさを保つ野菜の保存方法

3章
エスニックサラダ

		118	パクチーラムサラダ
		119	たけのこと厚切りポークの オリエンタルサラダ
		120	具だくさんガパオサラダ
		122	インドネシア風ガドガドサラダ
		123	レタスと台湾風そぼろのサラダ
		124	スイートチリチキンの エスニックサラダ
		125	オクラとサラダチキンの ピーナッツバターサラダ
112	トムヤムクン風柑橘サラダ	126	グリーンカレーそぼろの ヤムウンセン
114	ケイジャンチキンサラダ		
115	ヤングコーンと鶏肉の クミンサラダ	128	ムーマナオ
		128	サーモンとマンゴーのヤムサラダ
116	クレソンと牛肉のヤムヌアサラダ	129	ディルとあじのベトナム風サラダ
116	水菜の生ハム巻き	130	揚げさばのトルコ風サラダ
117	青パパイヤのソムタムサラダ	131	ツナドライカレーのレタス巻き

132　(column 3.)　サラダをおいしくする10のトッピング

4章
中華、韓国サラダ

- 136 ポッサムの薬味サラダ
- 138 デジカルビとキムチの豪快サラダ
- 139 牛そぼろとわかめのサムジャンサラダ
- 140 エゴマの葉と豚しゃぶの旨塩サラダ
- 141 もやしと豚そぼろの
   すりごま花椒サラダ
- 142 サムギョプサルの巻きサラダ
- 144 にんにくの芽とひき肉のサラダ
- 145 プルコギサラダ
- 146 牛肉ときくらげの甘辛チャプチェサラダ
- 148 パクチー油淋鶏サラダ
- 150 バンバンジーサラダ
- 151 チーズタッカルビ風レタスサラダ
- 152 なすとヤンニョムチキンの甘辛サラダ
- 154 えびチリサラダ
- 156 春菊と揚げさんまのキムチサラダ
- 157 中華風さけの南蛮サラダ
- 158 クレソンと白身魚のフェ
- 160 まいたけと干しえびの中華風サラダ
- 161 水菜と桜えびの四川風サラダ
- 162 具だくさん！海鮮あんかけサラダ
- 164 にんじんと切り干し大根のナムル
- 165 中華風きんぴらごぼうサラダ
- 166 カリカリ油揚げのチョレギサラダ
- 167 山盛り辛ねぎとザーサイのハムサラダ
- 168 空芯菜と豆苗のにんにくサラダ
- 169 揚げいんげんとオクラの豆豉サラダ
- 170 白ごまたっぷり！担々キャベツサラダ
- 171 白菜と豆腐の明太チゲサラダ

5章
フルーツ＆
野菜ひとつのサラダ

- 172 キウイと豚肉のココナッツサラダ
- 174 オレンジと小松菜のカリカリサラダ
- 175 グレープフルーツとほたてのマリネ
- 176 メロンとローストビーフのサラダ
- 178 いちごとクレソンの
   カッテージチーズサラダ
- 179 マスカットのカプレーゼ
- 180 金柑とパクチーのサラダ
- 181 パイナップルとパクチーの
   タイサラダ

182	柿とルッコラのサラダ	190	白いんげん豆とディルのサラダ
183	りんごと栗のポテサラ	191	ピーナッツマッシュパンプキン
184	クレソンの塩昆布サラダ	191	マッシュルームの明太マヨサラダ
184	ミニトマトの甘コチュ和え	192	豆もやしのアジアナムル
186	白菜の和風コールスロー	192	焼きごぼうのキムチサラダ
186	セロリのマスタード ビネガーサラダ	193	枝豆と桜えびのかつお節サラダ
		193	いんげんの台湾風サラダ
187	れんこんの ガーリックペッパーサラダ	194	アスパラのディルタルタルサラダ
		194	里芋の和風マッシュサラダ
187	ピーマンの ガーリックバターサラダ	195	トマトとカマンベールチーズの おかか和え
188	ブロッコリーの アンチョビマヨサラダ	195	オクラのすりごまみそサラダ
188	タンドリーカリフラワーサラダ		
190	ズッキーニのローズマリーマリネ	196	4種きのこで作るいろいろサラダ

198　素材別INDEX

本書の決まりごと

分量の表記について

◦ 小さじ1は5㎖、大さじ1は15㎖です。

◦ 少量の調味料の分量は「少々」としています。
親指と人差し指でつまんだ量です。

◦ 「適量」はちょうどよい分量を、お好みで加減してください。

調味料、食材について

◦ バターは無塩バターを使用しています。

◦ オリーブオイルはエキストラバージンオリーブオイルを使用しています。

◦ 調味料類は、特に指定のない場合、みそは合わせみそ、しょうゆは濃口しょうゆ、砂糖は上白糖を使用しています。

◦ 野菜類は、特に指定のない場合は洗う、むくなどの作業をすませてから手順を説明しています。

使用する機器について

◦ この本ではオーブンレンジを使用しています。機種やメーカーによって、温度、加熱時間が変わりますので、表記の時間は目安にして、様子をみながら調整してください。

◦ 電子レンジの加熱時間は600Wのものを使用した場合の目安です。500Wなら1.2倍を目安に、時間を調整してください。

◦ フライパンはフッ素樹脂加工のものを使用しています。

保存について

◦ 冷蔵庫の性能や保存環境で保存状態は異なります。保存期間はあくまで目安と考え、早めに食べきりましょう。

カロリーについて

◦ カロリーは、総カロリーを多いほうの人数で割り、1人当たりの基準として掲載しています。

おいしいサラダを作るポイント

野菜の切り方や調理法を変えて、楽しくサラダを作りましょう。
しっかりと下処理することで、ひと手間加わったおいしいサラダに。

葉野菜は氷水にさらして食感を楽しむ。

葉野菜は切ったりちぎったりして3〜5分ほど氷水にさらすと、葉のみずみずしさやシャキシャキ感を楽しめます。長くさらすと葉がやわらかくなるので注意。

味の決め手は、葉野菜の水分をしっかりきること。

水分が残っていると、せっかくのサラダが水っぽくてぼやけた味になってしまいます。ドレッシングが薄まり多量にかけてしまう原因にもなるのでしっかりと水きりを。

食感のある具材をプラスして、主役級のサラダに。

葉野菜＋肉や魚、噛みごたえのある食材を組み合わせて、十分お腹いっぱいになるメイン料理に様変わり。ナッツやクルトンなどのトッピングもアクセントに。

食感や見た目が楽しくなる 食材の切り方バリエーション

ピーラー

ピーラーを使っての薄切りは、少ない量でもボリューム感が出ます。リボンのような華やかさも出るので、おもてなしなどにぴったりです。

➡ P.010 マッシュルームとルッコラのレモンサラダなど

角切り

角切りは食感や歯ごたえがよくなり、一口でいろいろな野菜や味を楽しむことができます。スプーンで食べるタイプのサラダにおすすめです。

➡ P.106 アボカドとなめこの和風みそサラダなど

手でちぎる

レタスなどの葉野菜は、手でちぎることで切り口の表断面が広くなるため、ドレッシングとよくからみ、しっかりと味わいを感じることができます。

➡ P.120 具だくさんガパオサラダなど

斜め切り

斜めに切ることで野菜の美しい断面が広がり、華やかな見栄えのサラダになります。体積が大きくなるので、食べごたえもアップします。

➡ P.144 にんにくの芽とひき肉のサラダなど

マッシュルームと
ルッコラのレモンサラダ

1人あたり
94
kcal

材料 (2〜3人分)

マッシュルーム (ホワイト) --- 3個

ルッコラ --- 1束 (60g)

にんじん --- 1/2本 (75g)

生ハム --- 6枚

ハニーレモンマリネ (P.134参照) --- 20g

パイナップルドレッシング (P.062参照) --- 大さじ2

作り方

① マッシュルームは水で湿らせた布巾で表面の汚れをふいて、2mm幅の薄切りにする。ルッコラは3cm幅に切る。にんじんはピーラーで薄くスライスする。

② ボウルに①、ハニーレモンマリネを入れて和える。皿に盛り、生ハムをのせて、パイナップルドレッシングをかける。

☑ 料理＆栄養メモ

マッシュルームは加熱して食べることが多いですが、実は生のままでも食べられます。使用前は、湿らせた布巾で表面をしっかりふきましょう。旨み成分のグルタミン酸も豊富に含まれています。

1章 洋風サラダ

見た目にも華やかな洋風のごちそうサラダは、
肉や魚と一緒に合わせたり、野菜だけで楽しむサラダもあったりと
バラエティー豊か。おもてなしにもおすすめです。

冷やしトマトのアンチョビサラダ

1人あたり
101
kcal

材料（2〜3人分）

トマト･･･3個（300g）
紫玉ねぎ･･･1/6個（約25g）
Ⓐ にんにく･･･1/2片（3g）
　 アンチョビフィレ･･･2本
　 白ワインビネガー･･･大さじ1
　 オリーブオイル･･･大さじ2
塩、粗挽き黒こしょう･･･各少々

作り方

① トマトは冷蔵庫でよく冷やしておき、1cm厚さに切る。紫玉ねぎはみじん切りにして、水をはったボウルに5分ほどさらして水けをきる。にんにくはすりおろし、アンチョビフィレはみじん切りにして、それぞれⒶの調味料と合わせておく。

② 皿に①のトマトを時計回りに重ねて並べ、塩と粗挽き黒こしょうをふりかける。①の紫玉ねぎを散らし、Ⓐを回しかける。

☑ 料理＆栄養メモ　トマトは、切る前にしっかりと冷やすのがおいしく食べるポイントです。冷やすことでトマトの甘さが際立ち、アンチョビの塩けとの相性がより楽しめます。

かぶと白いんげん豆のミントバターサラダ

1人あたり **231** kcal

材料（2〜3人分）

- 鶏ささみ --- 2本（200g）
- かぶ（小）--- 3個（120g）
- 白いんげん豆（水煮）--- 100g
- レモン --- 1/2個
- 水 --- 100mℓ
- ワイン（白）--- 大さじ1
- コンソメスープの素（顆粒）
  --- 小さじ1
- スペアミント（葉）--- 適量
- 粗挽き黒こしょう --- 少々
- バター --- 30g

作り方

① 鶏ささみは筋を取る。鍋に塩小さじ2（分量外）を入れたたっぷりのお湯を用意し、沸騰したら火をとめる。鶏ささみを入れてフタをし、10分ほどおく。取り出して、食べやすい大きさに切る。

② かぶはしっかりと水で洗って根元の土を取り除き、縦6等分のくし切りにする。白いんげん豆はしっかりと水けをきる。レモンは3mm幅の輪切りにする。

③ 鍋にバターを溶かし、②のかぶに焼き色がつくまで中火で焼く。焼き色がついたら水、ワインを加えて沸騰寸前で弱火にし、②の白いんげん豆を入れてさっと煮る。コンソメスープの素を加えて味をととのえる。

④ ③に①の鶏ささみ、②のレモンを入れて30秒ほど火を通したら、皿に盛りつけてスペアミントの葉を散らし、粗挽き黒こしょうをふりかける。

☑ 料理＆栄養メモ　かぶを焼くときは、表面に焼き色がつくまでじっくりと焼きましょう。時間をかけて焼くことでかぶの甘みが引き立ち、さらにおいしく仕上がります。

アスパラとかぼちゃの
ゴルゴンゾーラサラダ

1人あたり 288 kcal

材料（2〜3人分）

アスパラガス --- 6本
かぼちゃ --- 200g
くるみ --- 10粒
Ⓐ ┌ 生クリーム --- 50㎖
　├ 薄力粉 --- 小さじ1
　└ ゴルゴンゾーラ --- 30g
Ⓑ ┌ はちみつ --- 小さじ1
　└ 粗挽き黒こしょう --- 少々
オリーブオイル --- 小さじ2
バター --- 15g

作り方

① アスパラガスは根元を切り落とし、下から1/3部分の皮をピーラーでむき、3等分に斜め切りにする。かぼちゃは皮つきのまま7㎜厚さに切る。くるみは粗めにくだく。ボウルでⒶをしっかりと混ぜ合わせておく。

② フライパンにオリーブオイルをひき、①のアスパラス、かぼちゃに焼き色がつくまで中火で焼く。焼き色がついたら皿に盛る。

③ 鍋にバターを溶かし、弱火の状態でⒶを少しずつ入れて、かき混ぜながらとろみをつける。とろっとしてきたらⒷを加えて、ゴルゴンゾーラをしっかり溶かす。

④ ②に③をかけて、①のくるみを散らす。

☑ 料理 & 栄養メモ　アスパラガスに含まれる「アスパラギン酸」という栄養素は、栄養剤などに使用されるほど疲労回復効果が見込まれるので、疲れたときにおすすめしたいサラダです。

焼きキャベツとベーコンの
バーニャカウダサラダ

1人あたり 250 kcal

材料（2〜3人分）

- キャベツ --- 1/4玉
- ベーコン（スライス）--- 6枚
- Ⓐ
  - にんにく --- 1/2片 (3g)
  - アンチョビフィレ --- 2本
  - 生クリーム --- 大さじ2
  - オリーブオイル --- 大さじ1と1/2
- 酒 --- 大さじ2
- パルメザンチーズ（粉末）--- 適量
- ごま油 --- 大さじ1

作り方

① キャベツは縦半分に切る。ベーコンは半分に切る。キャベツの葉をかるく開きながら、葉の隙間にベーコンを1枚ずつ均等に挟む（片方のキャベツに、半分に切ったベーコンを6枚ずつ）。

② にんにくはすりおろし、アンチョビフィレはみじん切りにして、それぞれⒶの調味料と合わせておく。

③ フライパンにごま油をひき、①のキャベツの切り口を下にして2〜3分ほど中火で焼く。①の切り口に焼き色がついたらひっくり返し、酒を加える。フタをして、3〜4分ほど蒸し焼きにする。

④ 皿に③をのせてパルメザンチーズをふりかけ、よく混ぜ合わせたⒶをかける。

☑ 料理 & 栄養メモ　キャベツの間にベーコンを挟んでミルフィーユ状にしているので、一口ほおばると両方の味を堪能できます。フォークとナイフで切りながら食べてほしい一品です。

トルコ風
なすの肉詰めサラダ

1人あたり
240 kcal

材料（2～3人分）
- なす --- 4本
- ベーコン(ブロック) --- 30g
- トマト --- 1/2個(50g)
- 玉ねぎ --- 1/2個(100g)
- にんにく --- 1片(6g)
- パクチー --- 1株
- Ⓐ
  - 塩、粗挽き黒こしょう --- 各少々
  - ケチャップ --- 大さじ1
  - コンソメスープの素(顆粒) --- 小さじ1/2
  - チリパウダー(なくても可) --- 小さじ1
- オリーブオイル --- 大さじ4

作り方

① なすは、皮の部分がしま模様になるように、ピーラーで縦に皮をむく。水をはったボウルに20分ほど浸して、水けをしっかりときる。ベーコン、トマトはそれぞれ5mm幅の角切りにする。玉ねぎ、にんにくはそれぞれみじん切りにする。パクチーは2cm幅に切る。

② フライパンにオリーブオイル大さじ3をひき、①のなすを並べてフタをし、焼き色がつくまで弱火でじっくりと焼く。途中でフタをあけてひっくり返し、全面に焼き色をつける。焼けたら一度取り出す。

③ ②のフライパンに残りのオリーブオイルをひき、①のにんにくを弱火で炒める。にんにくの香りがたってきたらベーコン、玉ねぎを入れて炒める。玉ねぎがしんなりとしてきたら、トマト、Ⓐを入れて味つけする。

④ ②のなすに、縦に切れ目を入れて③を詰める（なすの裏面が切れてしまうと具材が漏れてしまうので注意）。フライパンに戻し入れて、なすの半分が浸かるくらいの水を加えてフタをし、水けがなくなるまで中火でじっくりと煮込む。皿に盛り、①のパクチーをのせる。

✓ 料理 & 栄養メモ　「坊さんの気絶」という相性でも親しまれている、トルコの家庭料理のひとつ。今回はチリパウダーを使って、エキゾチックな味わいのサラダにアレンジしました。

マッシュルームのファルシーサラダ

1人あたり **79** kcal

材料（2〜3人分）

マッシュルーム（ブラウン）--- 8個
紫玉ねぎ --- 1/6個（約25g）
ほうれん草（サラダ用）--- 30g
Ⓐ ┃ 粗挽き黒こしょう --- 小さじ1/3
　 ┃ ツナ缶（水煮）--- 1/2缶（約40g）
　 ┃ クリームチーズ --- 40g
Ⓑ ┃ パン粉 --- 大さじ1
　 ┃ パセリ（粉末）--- 小さじ1
キャロットドレッシング（P.057参照）
　 --- 大さじ1〜2

作り方

① マッシュルームは水で湿らせた布巾で表面の汚れをふき、軸を手でくり抜く。紫玉ねぎは2mm幅の薄切りにし、水をはったボウルに5分ほどさらして水けをきる。ツナはしっかりと水けをきり、Ⓐの材料と混ぜ合わせておく。

② ①のマッシュルームの裏面に、Ⓐを1cmほどこんもりと盛り上がるくらい詰めて、Ⓑをふりかける。1000Wのオーブントースターで表面に焼き色がつくまで焼く。

③ 皿にサラダ用ほうれん草、①の紫玉ねぎをしき、②を並べてキャロットドレッシングをかける。

☑ 料理＆栄養メモ
パン粉の表面にこんがりと焼き色がつくまで焼くと、香ばしい風味がプラスされてさらにおいしくなるのでぜひ試してみて。マッシュルームはホワイトでもOKです。

ほうれん草としめじのアヒージョサラダ

1人あたり 156 kcal

材料（2〜3人分）

- ほうれん草 --- 3束（150g）
- しめじ --- 1パック（100g）
- にんにく --- 2片（12g）
- 赤とうがらし --- 1本
- オイルサーディン --- 1/2缶（50g）
- 塩、粗挽き黒こしょう --- 各少々
- オリーブオイル --- 大さじ2

作り方

① ほうれん草は4cm幅に切る。しめじは石づきを切り、手で小房に分ける。にんにくはスライス切りにする（真ん中に芯がある場合は、爪楊枝で取る）。赤とうがらしは種を取り除き、輪切りにする。

② フライパンにオリーブオイルをひき、①のにんにく、赤とうがらしを弱火で炒める。にんにくの表面がきつね色になったら、にんにくと赤とうがらしを一度取り出して①のしめじを入れ、中火で炒める。

③ しめじがしんなりとしてきたら①のほうれん草、オイルサーディンを入れて、オイルサーディンの身をやさしくほぐす。ほうれん草がしんなりとするまで炒め、塩と粗挽き黒こしょうで味つけし、②のにんにくと赤とうがらしを戻し入れる。

✓ 料理 & 栄養メモ　ほうれん草には鉄分が豊富に含まれており、100g食べれば1日に必要な鉄分の1/3量を摂取できるといわれています。貧血を予防するので夏バテ防止にも。

れんこんとエリンギのジェノバサラダ

1人あたり 219 kcal

材料（2〜3人分）

- 鶏もも肉 --- 1/2枚（約130g）
- れんこん --- 60g
- エリンギ --- 1本（50g）
- グリーンカール --- 葉4枚
- にんにく --- 1片（6g）
- Ⓐ 塩、粗挽き黒こしょう --- 各少々
- Ⓐ 薄力粉 --- 大さじ1
- ワイン（白）--- 大さじ2
- 塩、粗挽き黒こしょう --- 各少々
- バター --- 15g
- ディルジェノバドレッシング（P.057参照）--- 大さじ1と小さじ1

作り方

① 鶏肉は一口大に切り、Ⓐの塩と粗挽き黒こしょうをもみ込んで薄力粉を全体に薄くまぶす。

② れんこん、エリンギはそれぞれ乱切りにする。にんにくはみじん切りにする。

③ フライパンにバターを溶かし、②のにんにくを弱火で炒める。にんにくの香りがたってきたら、①、②のれんこんを入れて炒める。鶏肉に火が通ったら②のエリンギ、ワインを入れて一煮立ちさせ、フタをして2〜3分ほど弱火で蒸し焼きにする。塩と粗挽き黒こしょうを加えて味つけし、ディルジェノバドレッシング大さじ1を入れて和える。

④ 皿にグリーンカールをしいて③を盛り、残りのディルジェノバドレッシングをかける。

☑ 料理 & 栄養メモ　鶏肉は、下味をつけてから薄力粉でコーティングすると、焼きあがった際の食感もよく、肉の旨みも逃がしません。ドレッシングやたれともしっかりからみます。

ポテトとカリフラワーの
スイートチリサラダ

1人あたり
319 kcal

材料（2〜3人分）

じゃがいも --- 2個（200g）
カリフラワー --- 1/2株（200g）
パクチー --- 1株
Ⓐ 薄力粉、片栗粉 --- 各大さじ2
Ⓑ はちみつ --- 小さじ2
　水 --- 小さじ1
　スイートチリソース（市販）
　　--- 大さじ3
サワークリーム --- 50g
粗挽き黒こしょう --- 少々
サラダ油 --- 適量

作り方

① じゃがいもは皮をむき、縦6等分のくし切りにし、水をはったボウルに20分以上さらしてしっかりと水けをきり、Ⓐを全体にまぶす。カリフラワーは大きめの一口大に切る。パクチーは2cm幅に切る。

② 鍋に4cm深さのサラダ油を入れて、170℃に温める。①のカリフラワーを1〜2分ほど揚げて、ペーパータオルをしいたバットにあげる。じゃがいもは3〜4分ほど揚げてバットにあげたら、揚げ油を200℃にして戻し入れ、2〜3分ほど二度揚げして再度バットにあげる。

③ ボウルに②、Ⓑを合わせて、味がなじむようによく和える。皿に盛り、①のパクチー、サワークリームを添えて、粗挽き黒こしょうをふりかける。

✓ 料理＆栄養メモ　　じゃがいもとカリフラワーを半々に使用し、カリフラワーでかさ増しすることでヘルシーに。カリフラワーは目や皮膚の健康を保つビタミンB2を含んでいます。

021

5種の具だくさんコブサラダ

1人あたり
294 kcal

材料（2〜3人分）

鶏むね肉 - - - 1枚（250g）
アボカド - - - 1/2個
トマト - - - 1個（100g）
味つけ卵（P.134参照）- - - 1個
コーン（缶詰）- - - 1/2缶（50g）
塩 - - - 小さじ1/2

Ⓐ
- 玉ねぎ - - - 1/4個（50g）
- しょうゆ - - - 大さじ1と1/2
- はちみつ - - - 大さじ1
- ワイン（赤）- - - 大さじ1

Ⓑ
- シーザーヨーグルトドレッシング（P.063参照）- - - 大さじ3
- ケチャップ - - - 小さじ1

パプリカパウダー（なくても可）- - - 適量
オリーブオイル - - - 小さじ2

作り方

① 鶏肉はフォークなどで表面に数カ所穴をあけて塩をもみ込む。玉ねぎはすりおろしてⒶの調味料と合わせておく。チャックつき保存袋に鶏肉、Ⓐを入れて合わせ、冷蔵庫で1時間以上漬ける。

② アボカドは種を取り除いて1.5cm角に切り、トマトはヘタを取って1.5cm角に切る。味つけ卵は縦1/4等分に切り、さらに横半分に切る。コーンは水けをしっかりきる。Ⓑは混ぜ合わせておく。

③ フライパンにオリーブオイルをひき、①の皮面を下にして中火で焼く。焼き色がついたら弱火にし、ひっくり返してフタをして4〜5分焼く。焼けたら取り出し、一口大のサイコロ状に切る。

④ 皿にトマト→味つけ卵→鶏肉→コーン→アボカドの順に並べる。お好みの具材を小皿に盛り、混ぜ合わせたⒷをかけ、パプリカパウダーをふりかけて食べる。

✓ 料理 & 栄養メモ　コブサラダは食感や形の違う5種類の具材が豊富に入っているので、よく混ぜたほうが口のなかでいろいろな食感が楽しめます。ごろごろ具材は、食べごたえも抜群！

シーザーサラダ

1人あたり 170 kcal

材料（2～3人分）

- ベーコン（ブロック）--- 50g
- ロメインレタス --- 葉4枚
- ほうれん草（サラダ用）--- 15g
- クルトン（市販）--- 10g
- 温泉卵（P.134参照）--- 1個
- パルメザンチーズ（粉末）--- 小さじ2
- 粗挽き黒こしょう --- 適量
- シーザーヨーグルトドレッシング（P.063参照）--- 大さじ2
- オリーブオイル --- 小さじ2

作り方

① ベーコンは5mm角に切る。ロメインレタスは茎の筋を取り、食べやすい大きさに手でちぎる。

② フライパンにオリーブオイルをひき、①のベーコンに焼き色がつくまで中火で炒める。

③ 皿に①のロメインレタスをしき、サラダ用ほうれん草、②のベーコン、クルトンをのせてトッピングの温泉卵を真ん中に落とす。シーザーヨーグルトドレッシングをかけて、パルメザンチーズと粗挽き黒こしょうをふりかける。

☑ 料理 & 栄養メモ　シーザーサラダでよく使われる定番野菜のロメインレタスは、かすかな苦みがあるのが特徴。ドレッシングが濃厚な場合でも、食べたときの存在感がしっかりと出ます。

紫玉ねぎと生ハムのマリネ

1人あたり
117 kcal

材料（2〜3人分）

- 紫玉ねぎ --- 1個（200g）
- セロリ --- 1/2本（50g）
- 生ハム --- 8枚
- フレンチマスタードドレッシング
  （P.057参照）--- 大さじ2〜3

作り方

① 紫玉ねぎは3mm幅の薄切りにして、水をはったボウルに5分ほどさらして水けをきる。セロリは4cm長さの短冊切りにする。生ハムは1cm幅の細切りにする。

② ボウルに①、フレンチマスタードドレッシングを入れて和える。

✓ 料理 & 栄養メモ　紫玉ねぎは、水っぽいままだとドレッシングが薄まってしまい味が決まらないので、しっかりと水けをきってから使いましょう。冷蔵庫で2〜3日ほど保存可能です。

ひよこ豆とパセリのフレンチサラダ

1人あたり **203** kcal

材料（2〜3人分）

- ひよこ豆（水煮） --- 150g
- 枝豆（むき身） --- 50g
- きゅうり --- 1/2本（50g）
- パセリ --- 20g
- サラミ --- 30g
- フレンチマスタードドレッシング
  （P.057参照） --- 大さじ2〜3

作り方

① ひよこ豆はしっかりと水けをきる。枝豆はたっぷりのお湯で3〜4分ほどゆでて、ザルにあげてさやから身を出し、薄皮をむく。きゅうりは5mm角に切る。パセリは葉をもいでみじん切りにする。サラミはみじん切りにする。

② ボウルに①、フレンチマスタードドレッシングを入れて和える。

☑ 料理 & 栄養メモ　ひよこ豆にはビタミンB1とB6が豊富に含まれているため、エネルギー代謝を助けてくれる役目があります。疲労回復や生活習慣病の予防にも効果的な食材です。

紫キャベツとにんじんのコールスロー

1人あたり **141** kcal

材料（2〜3人分）

- 紫キャベツ --- 葉6枚
- にんじん --- 1/2本（75g）
- コーン（缶詰）--- 1缶（100g）
- Ⓐ
  - 砂糖 --- 小さじ2
  - 塩 --- 小さじ1/4
  - 粗挽き黒こしょう --- 少々
- Ⓑ
  - レモン汁 --- 小さじ1
  - ヨーグルト（無糖）--- 小さじ2
  - 粒マスタード --- 大さじ1
  - マヨネーズ --- 大さじ2

作り方

① 紫キャベツ、にんじんはそれぞれ千切りにして、Ⓐとともにボウルに入れてもみ込む。水けが出たら、しっかりとしぼる。コーンは水けをきる。

② ①のボウルにコーン、Ⓑを入れてよく和える。

☑ **料理 & 栄養メモ**　コールスローは、キャベツから多くの水分が出てしまい水っぽくなりがちなのが悩みどころ。塩でもみ込み、しっかりと水分をきることで、水っぽさを回避できます。

芽キャベツとじゃがいもの
アンチョビバターサラダ

1人あたり
198 kcal

材料（2〜3人分）

芽キャベツ --- 6個
じゃがいも --- 2個(200g)
ベーコン（ブロック）--- 80g
にんにく --- 1片(6g)
アンチョビフィレ --- 3本
バター --- 15g
粗挽き黒こしょう --- 小さじ1/4
オリーブオイル --- 大さじ1

作り方

① 芽キャベツは芯の下を切り、外側の葉を1枚はがして縦半分に切る。じゃがいもは皮をむいて1cm角に切り、使うまで水をはったボウルにさらす。ベーコンは1cm角に切る。にんにくはスライス切りにする（真ん中に芯がある場合は、爪楊枝で取る）。アンチョビフィレはみじん切りにする。

② フライパンにオリーブオイルをひき、①のにんにくを弱火で炒める。にんにくの表面がきつね色になってきたら一度取り出し、芽キャベツ、じゃがいもを入れて3〜4分炒め、ベーコンを入れて3分ほど炒める。

③ ベーコンに火が通ったら、②で取り出したにんにく、①のアンチョビフィレ、バターを入れる。バターが溶けるまで全体を混ぜ合わせ、粗挽き黒こしょうで味つけする。

✓ 料理 & 栄養メモ　冬が旬の芽キャベツは、ひとつひとつのサイズが小さいながらもアクが強いので、生の状態ではなく、焼いたり茹でたりしてから調理するとよいでしょう。

里芋とチョリソーの粒マスタードサラダ

1人あたり 194 kcal

材料（2〜3人分）

里芋（小）--- 4個（160g）
チョリソー --- 4本
Ⓐ ┃ 塩 --- 小さじ1/4
　 ┃ 粒マスタード --- 大さじ1
　 ┃ マヨネーズ --- 大さじ2
粗挽き黒こしょう --- 小さじ1/4
オリーブオイル --- 小さじ1

作り方

① 里芋は皮をむき、塩少々（分量外）をふりかけて粘りけを取ったら、水でぬめりを取りながら洗う。たっぷりのお湯で10分ほどゆでて、水けをきる。

② チョリソーは斜めに切り、フライパンにオリーブオイルをひいて中火で炒める。

③ ボウルに①、②、Ⓐを入れて和える。皿に盛り、粗挽き黒こしょうをふりかける。

☑ 料理 & 栄養メモ　里芋のぬめり取りは、塩をふりかけて、しっかりお湯でゆでることがポイント。ぬめりが取れた里芋は、食感にくせがなくすっきりとした味わいに仕上がります。

チキン南蛮風タルタルサラダ

1人あたり 367 kcal

材料（2～3人分）

- 鶏もも肉 --- 1枚（250g）
- 水菜 --- 1束（50g）
- サラダ菜 --- 葉4枚
- 塩、粗挽き黒こしょう --- 各小さじ1/4
- 小麦粉 --- 適量
- 溶き卵 --- 1/2個分
- Ⓐ 砂糖 --- 大さじ3
  しょうゆ --- 大さじ2
  酢 --- 大さじ2と1/2
- タルタルソース（下記参照）--- 適量
- サラダ油 --- 適量

作り方

① 鶏肉は一口大に切り、塩と粗挽き黒こしょうをもみ込む。フライパンに4cm深さのサラダ油を入れて、170℃に温める。鶏肉に薄く小麦粉をまぶし、溶き卵にならして、4～5分ほどきつね色になるまで揚げる。ペーパータオルをしいたバットにあげて、余分な油をきる。

② 鍋にⒶを入れて、弱火で煮る。砂糖が溶けたら火をとめて、①を入れてからめる。

③ 水菜は3cm幅に切る。サラダ菜は食べやすい大きさに手でちぎる。

④ 皿に③をしいて②をのせ、タルタルソースをかける。お好みで粗挽き黒こしょう（分量外）をふる。

タルタルソース

材料（作りやすい分量）

- らっきょう漬け --- 4粒
- ゆで卵（P.046参照）--- 1個
- 牛乳 --- 大さじ1
- マヨネーズ --- 大さじ2

作り方

① らっきょうはみじん切りにする。ゆで卵はP.046を参考にして固ゆでし、白身と黄身に分ける。白身はみじん切りに、黄身はフォークなどでつぶす。

② ボウルですべての材料を混ぜる。

✓ 料理 & 栄養メモ　タルタルソースは、隠し食材としてらっきょうを入れて、ソースそのものに食感をプラス！　酸みのあるチキン南蛮とタルタルソースの味がマッチします。

ナポリ風カポナータサラダ

1人あたり **193** kcal

材料（2～3人分）

- 鶏もも肉 --- 1/2枚（約130g）
- 玉ねぎ --- 1/2個（100g）
- なす --- 1本
- ズッキーニ --- 1本
- パプリカ（赤）--- 1/2個
- にんにく --- 1片（6g）
- トマト缶（カット）--- 1/2缶（200㎖）
- みそ --- 小さじ2
- 塩、粗挽き黒こしょう --- 各少々
- バジル（葉）--- 6枚
- パルメザンチーズ（粉末）--- 大さじ1
- オリーブオイル --- 大さじ1

作り方

① 鶏肉、玉ねぎはそれぞれ2cm角に切る。なす、ズッキーニ、パプリカはそれぞれ大きめの乱切りにする。にんにくはみじん切りにする。

② フライパンにオリーブオイルをひき、①のにんにくを弱火で炒める。にんにくの香りがたってきたら、鶏肉を入れて中火で炒める。鶏肉に焼き色がついたら玉ねぎ、なす、ズッキーニ、パプリカを入れて、すべての野菜がしんなりするまでしっかりと炒める。

③ ②にトマト缶を入れて、なすがくたっとするまで弱火で煮込む。みそ、塩と粗挽き黒こしょうを加えて味つけし、火をとめて、バジルを手で2等分にちぎりながら入れて和える。

④ 器に③を盛り、パルメザンチーズをふりかける。

✅ 料理＆栄養メモ

酸みのあるトマトと、和食の定番調味料であるみそは、実は相性ぴったりな組み合わせ。みそを使うことでサラダ全体にコクが足されて、落ち着きのある味に。

カマンベールチーズの
グリルチキンサラダ

1人あたり 270 kcal

材料（2〜3人分）

- 鶏もも肉 --- 1枚（250g）
- カマンベールチーズ --- 3切れ（60g）
- マッシュルーム（ブラウン）--- 2個
- ほうれん草（サラダ用）--- 30g
- にんにく --- 1片（6g）
- 塩 --- 小さじ1/4
- Ⓐ しょうゆ --- 大さじ2
- Ⓐ はちみつ --- 大さじ1
- Ⓐ ワイン（白）--- 大さじ1

作り方

① マッシュルームは水で湿らせた布巾で表面の汚れをふき、2mm幅の薄切りにする。にんにくはすりおろす。Ⓐは混ぜ合わせておく。オーブンは220℃に予熱しておく。

② 鶏肉は表面にフォークで数カ所穴をあけて、①のにんにく、塩をなじませてⒶをもみ込み、チャックつき保存袋に入れて冷蔵庫で2時間以上漬け込む（時間があれば一晩漬け込むとさらにおいしい）。

③ オーブンで②を20〜25分ほど焼き、1.5cm角に切る。

④ 皿にサラダ用ほうれん草をしき、③、カマンベールチーズを盛り、①のマッシュルームを散らす。

料理 & 栄養メモ

オーブンで焼いたアツアツのグリルチキンにカマンベールチーズを添えると、チキンの熱でチーズが内側からとろけてサラダ全体にからみ合い、おいしく食べられます。

さつまいもと手羽元の
グリルチーズサラダ

1人あたり
411
kcal

材料（2〜3人分）

鶏手羽元 --- 6本
さつまいも --- 1本（200g）
にんじん --- 1本（150g）
オリーブオイル --- 大さじ2
塩、粗挽き黒こしょう --- 各小さじ1/2
Ⓐ ┃ しょうゆ --- 小さじ2
　 ┃ はちみつ --- 大さじ1
　 ┃ 粒マスタード --- 大さじ2
　 ┃ ライム汁 --- 小さじ1
ブルーチーズ --- 20g

作り方

① 手羽元は表面にフォークで数カ所穴をあける。さつまいも、にんじんはそれぞれ1.5cm厚さの輪切りにする。オーブンは220℃に予熱しておく。

② ボウルに①を入れてオリーブオイルをもみ込み、塩と粗挽き黒こしょうをふりかける。

③ 天板にオーブンシートをしき、②を並べて、オーブンで20〜25分ほど焼く。

④ ボウルでⒶを混ぜ合わせ、③を入れて和える。皿に盛り、食べやすい大きさにくだいたブルーチーズをのせる。

✓ 料理＆栄養メモ　さつまいもは食物繊維が豊富で、腸の健康を保つので便秘予防に効果的です。オーブンで焼いた食材は、甘みが引き出されて素材そのもののおいしさを感じられます。

とうもろこしとサルサチキンのサラダ

1人あたり 167 kcal

材料（2～3人分）

- とうもろこし --- 1/2本
- トマト --- 1個（100g）
- パクチー --- 1株
- 紫玉ねぎ --- 1/6個（約25g）
- グリーンカール --- 葉3枚
- サラダチキン（P.134参照）--- 1枚
- タコスチップ（市販・なくても可）--- 適量
- メキシカンハニードレッシング（P.063参照）--- 大さじ3
- ライム（1/8のくし切り）--- 適量

作り方

① 鍋に塩少々（分量外）を入れたたっぷりのお湯を用意し、とうもろこしを3～4分ほどゆでる。氷水をはったボウルで冷やし、水けをきって芯から実を包丁でそぎ落とす。

② トマトは6等分のくし切りにする。パクチーは3cm幅に切る。紫玉ねぎは3mm幅の薄切りにし、水をはったボウルに5分ほどさらして水けをきる。グリーンカールは食べやすい大きさに手でちぎる。

③ サラダチキンは一口大に切る。タコスチップは食べやすい大きさにくだく。

④ 皿に①、②、③を盛りつけてメキシカンハニードレッシングをかけ、ライムをしぼる。

料理＆栄養メモ

とうもろこしは粒をバラさずに固まりでそぎ切りすることで、主役サラダとしてお皿のなかで存在感が増します。切り方ひとつで具材感が変わるのも、楽しいポイント！

ミントミートボールと
ブロッコリーのサラダ

1人あたり
208 kcal

材料（2〜3人分）

ブロッコリー --- 1/2株（100g）
サニーレタス --- 葉2枚
ベビーリーフ --- 10g
Ⓐ ┃ 豚ひき肉 --- 180g
　┃ スペアミント（葉）--- 5g
　┃ 玉ねぎ --- 1/4個（50g）
　┃ 溶き卵 --- 1/2個分
　┃ パン粉 --- 大さじ2
　┃ 片栗粉 --- 小さじ2
　┃ 塩、粗挽き黒こしょう --- 各小さじ1/4
豆乳アボカドドレッシング（P.063参照）--- 大さじ2
サラダ油 --- 適量

作り方

① ブロッコリーは小房に分けて、鍋に塩少々（分量外）を入れたたっぷりのお湯を用意し、2〜3分ほどゆでる。水けをきり、縦半分に切る。サニーレタスは食べやすい大きさに手でちぎる。

② ミントミートボールを作る（Ⓐ）。玉ねぎはみじん切りにする。ボウルにⒶをすべて入れて、粘りけが出るまで混ぜる。一口大の丸型に成形する（ミートボール約10個分）。

③ 小さめのフライパンにサラダ油を2cm深さほど入れて、180℃に温める。②を3〜4分ほど揚げて、ペーパータオルをしいたバットにあげる。

④ 皿に①のサニーレタス、ベビーリーフをしき、①のブロッコリー、③のミントミートボールをのせて、豆乳アボカドドレッシングをかける。

☑ **料理＆栄養メモ**　甘い香りが特徴的なスペアミントは、ミートボールのタネに混ぜ込むことで清涼感が出て脂っぽさを和らげます。暑い時期でもさっぱりと食べられるボリュームサラダ。

ヤングコーンと豚肉のトマトチリサラダ

1人あたり 316 kcal

材料（2〜3人分）

豚バラ肉（薄切り）--- 150g
ヤングコーン --- 6本
トマト --- 1個（100g）
レタス --- 葉4枚
塩、粗挽き黒こしょう --- 各少々
片栗粉 --- 適量
A ｜ マヨネーズ --- 大さじ2
　｜ ケチャップ --- 大さじ1
　｜ クミンパウダー --- 小さじ1/3
チリパウダー --- 小さじ1/2
サラダ油 --- 適量

作り方

① 豚肉は7cm幅に切って塩と粗挽き黒こしょうをもみ込み、片栗粉を薄くまぶす。トマトは6等分のくし切りにする。レタスは食べやすい大きさに手でちぎる。

② フライパンに2cm深さのサラダ油を入れて、170℃に温める。①の豚肉のまわりがカリッとするまで3〜4分ほど揚げたら、ペーパータオルをしいたバットにあげる。ヤングコーンは1〜2分ほど素揚げし、バットにあげる。

③ 皿に①のレタスをしき、①のトマト、②を盛る。Aをかけて、チリパウダーをふりかける。

☑ 料理＆栄養メモ　ヤングコーンは、別名「ベビーコーン」とも呼ばれ、表面を香ばしく炒めたり、揚げたりする調理法がおすすめです。シャキシャキとした食感がサラダのアクセントに。

にんじんとローストポークの雑穀サラダ

1人あたり
201 kcal

材料（2〜3人分）

豚肩ロース肉（薄切り） - - - 150g
にんじん - - - 2/3本（100g）
イタリアンパセリ - - - 10g
雑穀ミックス（今回は十六穀米を使用）
　- - - 30g
Ⓐ｜塩麹 - - - 大さじ1
　｜粗挽き黒こしょう - - - 小さじ1/2
ローズマリードレッシング（P.057参照）
　- - - 大さじ2

作り方

① 豚肉はⒶをもみ込み、チャックつき保存袋に入れて冷蔵庫で20分以上漬ける。魚焼きグリルを熱し、弱火の状態で4〜5分焼いて食べやすい大きさに切る。

② にんじんは7cm長さに切り、ピーラーで薄くスライスする。イタリアンパセリは3cm幅に切る。雑穀ミックスはたっぷりのお湯で10分ほどゆでて、水けをきる。

③ ボウルに①、②、ローズマリードレッシングを入れて和える。

☑ 料理＆栄養メモ　つぶつぶ食感の雑穀を入れることで食べごたえをプラスし、腹持ちをよくします。使用する際はしっかりとゆでて、水けをきってからサラダに加えてください。

タコライス風
温玉サラダ

1人あたり 259 kcal

材料（2〜3人分）

- 牛豚合挽き肉 --- 120g
- アボカド --- 1/2個
- ミニトマト --- 4個
- グリーンカール --- 葉2枚
- サニーレタス --- 葉2枚
- 玉ねぎ --- 1/6個（約25g）
- にんにく --- 1片（6g）

Ⓐ
- ケチャップ --- 大さじ2
- ウスターソース --- 小さじ2
- オイスターソース --- 小さじ1
- チリパウダー --- 小さじ1

- 温泉卵（P.134参照）--- 1個
- ピザ用チーズ --- 適量
- オリーブオイル --- 小さじ2

作り方

① アボカドは皮をむいて種を取り除き、5mm幅の薄切りにする。ミニトマトはヘタを取って縦4等分に切る。グリーンカール、サニーレタスはそれぞれ食べやすい大きさに手でちぎる。玉ねぎ、にんにくはそれぞれみじん切りにする。

② フライパンにオリーブオイルをひき、①のにんにくを弱火で炒める。にんにくの香りがたってきたら、玉ねぎを入れて中火で炒める。玉ねぎがしんなりとしてきたら、合挽き肉を入れて、そぼろ状になるようにヘラなどで炒める。Ⓐを入れて、全体をからめながら中火で炒める。

③ 皿に①のグリーンカール、サニーレタスをしき、②を盛る。①のアボカド、ミニトマトを添えてトッピングの温泉卵をのせたら、ピザ用チーズを全体に散らす。

> **Point　温泉卵は途中割りがおすすめ**
>
> トッピングの温泉卵はすぐに割らず、最初はスパイシーな風味を味わってみてください。途中でくずすことでまろやかな口当たりになり、最後まで飽きずにおいしく食べられます。

☑ 料理 & 栄養メモ　日本では沖縄でよく食べられるタコライス。通常はごはんで食べることが多いですが、たっぷりの葉野菜と食べることでヘルシーに。よく混ぜてから食べてくださいね。

グリルステーキの
わさびマスカルポーネサラダ

1人あたり
206 kcal

材料（2～3人分）

牛ステーキ肉（薄切り）
　---1枚（200g）
セロリ---1/2本（50g）
そら豆（むき身）---50g
グリーンカール---葉4枚
塩---小さじ1/4
粗挽き黒こしょう---少々
Ⓐ｜練りわさび---小さじ1/2
　｜マスカルポーネ---50g
オリーブオイル---小さじ2

作り方

① 牛肉は常温に戻しておき、焼く直前に塩と粗挽き黒こしょうを両面にふりかける。

② セロリは、葉を3cm幅に切り、茎を斜め切りにする。そら豆は薄皮をむき、鍋に塩少々（分量外）を入れたたっぷりのお湯を用意して2～3分ほどゆでたら、ザルにあげて水けをきる。グリーンカールは食べやすい大きさに手でちぎる。

③ フライパンにオリーブオイルをひき、①の牛肉を1分半ほど強火で焼く。ひっくり返して弱火にし、さらに1分半～2分ほど焼く。焼けたらアルミホイルで包み、3分ほど休ませてサイコロ状に切る。

④ 皿に②を盛り、③をのせ、混ぜ合わせたⒶをのせる。

☑ 料理＆栄養メモ　そら豆に含まれるカリウムは、血圧を下げる効果が期待できます。サラダに入れる際は、薄皮がついていると口触りが悪くなってしまうので、しっかり取りましょう。

牛肉とミニトマトのバルサミコサラダ

1人あたり **186** kcal

材料（2～3人分）

- 牛こま切れ肉 --- 150g
- まいたけ --- 1パック（100g）
- ミニトマト --- 6個
- サニーレタス --- 葉3枚
- トレビス --- 葉1枚
- ローズマリー --- 1枝
- Ⓐ
  - しょうゆ --- 大さじ1
  - はちみつ --- 小さじ2
  - バルサミコ酢 --- 大さじ2
- モッツァレラチーズ（丸型）--- 6個
- 塩、粗挽き黒こしょう --- 各少々
- オリーブオイル --- 小さじ2

作り方

① まいたけは軸を切り、手でほぐす。ミニトマトはヘタを取る。サニーレタス、トレビスはそれぞれ食べやすい大きさに手でちぎる。

② フライパンにオリーブオイルをひき、牛肉、①のまいたけ、ローズマリーを入れて中火で炒める。牛肉に半分ほど火が通ったら、Ⓐを加えて味がなじむまで炒める。①のミニトマトを入れてさっと炒め、塩で味つけする。

③ 皿に①のサニーレタス、トレビスをしき、②を盛る。モッツァレラチーズをスプーンですくってのせ、粗挽き黒こしょうをふりかける。

☑ 料理 & 栄養メモ　ローズマリーは肉特有の臭みを抑える効果や肉の殺菌作用が期待できるため、肉料理を作る際に相性ぴったりなハーブです。ほんのりと香りがつき、上品な仕上がりに。

コンビーフとローズマリーの
ジャーマンポテトサラダ

1人あたり
184 kcal

材料（2〜3人分）

- コンビーフ --- 1/2缶 (約50g)
- ローズマリー --- 2枝
- じゃがいも --- 3個 (300g)
- 玉ねぎ --- 1/2個 (100g)
- にんにく --- 1片 (6g)
- 塩 --- 小さじ1/4
- 粗挽き黒こしょう --- 小さじ1/3
- オイスターソース --- 小さじ2
- オリーブオイル --- 大さじ1と1/2

作り方

① コンビーフは缶から取り出して、フォークなどでほぐす。ローズマリーは枝から葉をもぐ。

② じゃがいもは皮をむき、鍋に塩少々（分量外）を入れたたっぷりの水を用意して竹串がすっと通るまでゆでる。ゆでたらザルにあげて、食べやすい大きさに切る。玉ねぎは1cm幅のくし切りにする。にんにくはみじん切りにする。

③ フライパンにオリーブオイルをひき、②のにんにくを弱火で炒める。にんにくの香りがたってきたら、玉ねぎを入れて中火で炒める。

④ 玉ねぎがしんなりとしてきたら、①、②のじゃがいもを入れて炒めながら和える。塩と粗挽き黒こしょう、オイスターソースを加えて味つけする。

☑ 料理 & 栄養メモ　じゃがいもは、ゆですぎると水っぽさが残ってしまい、ジャーマンポテトのホクホク感がなくなってしまうので、少し固めくらいで取り出すのがちょうどよいです。

ガーリックトーストの
パンツァネッラサラダ

1人あたり
160 kcal

材料（2～3人分）

ガーリッククルトン（P.133参照）
　・・・8cm分（4枚）
フリルレタス・・・葉4枚
ミニトマト・・・4個
サラミ・・・20g
うずらの卵（市販）・・・4個
オリーブ（黒・種なし）・・・5g
バルサミコドレッシング（P.056参照）
　・・・大さじ2

作り方

① フリルレタスは食べやすい大きさに手でちぎる。ミニトマトはヘタを取り、横半分に切る。サラミは薄切りにして、さらに半分に切る。うずらの卵は縦半分に切る。オリーブは薄切りにする。

② 皿に①を盛り、トッピングのガーリッククルトンをくだかずにのせて、バルサミコドレッシングをかける。

☑ 料理＆栄養メモ　パンツァネッラとは、イタリア・トスカーナ地方の郷土料理です。ガーリックトーストはカリッとさせても美味ですが、ドレッシングになじませてしんなりさせても◎

045

えびアボカドの明太マカロニサラダ

1人あたり
183
kcal

材料（2〜3人分）

むきえび --- 60g

アボカド --- 1/2個

アスパラガス --- 2本

ゆで卵（下記参照）--- 1個

マカロニ --- 50g

粗挽き黒こしょう --- 少々

明太クリームドレッシング（P.063参照）
　--- 大さじ2

作り方

① むきえびは、鍋に塩少々（分量外）を入れたたっぷりのお湯を用意し、2〜3分ほどゆでて水けをきる。

② アボカドは1.5cm角に切る。アスパラガスは根元を切り落とし、下から1/3部分の皮をピーラーでむいて4等分に斜め切りにする。ゆで卵は下記のPointを参照しながら固ゆでし、縦4等分に切る。

③ マカロニは表示規定時間通りにゆでてザルにあげ、水けをきる（マカロニ同士がくっつく場合は、オリーブオイル小さじ2をかけてかるく和えるとよい）。

④ ボウルに①、②、③、明太クリームドレッシングを入れて和え、粗挽き黒こしょうをふりかける。

Point **固ゆでタイプのゆで卵の作り方**

卵は常温に戻す。鍋に、卵が浸かるくらいの水、卵、塩少々を入れて火にかける。沸騰した状態で13分ほどゆでたら氷水をはったボウルにあげて、4分ほどおいて一気に冷ます。冷めたらボウルから取り出し、殻をむく。

☑ 料理 & 栄養メモ　アボカドにたっぷり含まれるオレイン酸は、悪玉コレステロールを抑えて善玉コレステロールを増やす働きがあり、血液の健康を手助けしてくれる効果があります。

レモンガーリックシュリンプサラダ

1人あたり **203** kcal

材料（2〜3人分）

- えび（殻なし・無頭）--- 15尾
- ロメインレタス --- 葉6枚
- ブロッコリースプラウト --- 1/2パック（20g）
- にんにく --- 3片（18g）
- ワイン（白）--- 大さじ3
- バター --- 15g
- 塩 --- 小さじ1/4
- 粗挽き黒こしょう --- 少々
- オリーブオイル --- 大さじ2
- レモン（1/8のくし切り）--- 1片分

作り方

① えびは竹串で背ワタを取り除き、塩と片栗粉各少々（各分量外）をもみ込み、水で洗って水けをふく。ロメインレタスは根元から葉を切り離す。ブロッコリースプラウトは軸を切り落とす。にんにくは粗みじん切りにする。

② フライパンにオリーブオイルをひき、①のにんにくを弱火で炒める。にんにくの香りがたってきたら、①のえび、ワインを入れて中火で炒める。えびに火が通ったら火をとめて、バターを溶かして塩と粗挽き黒こしょうで味つけする。

③ 皿に①のロメインレタスをしき、②をのせる。①のブロッコリースプラウトを散らして、レモンをしぼる。

☑ 料理 & 栄養メモ
ハワイで人気のガーリックシュリンプにレモンを加えて、さっぱり＆あっさりと食べられるサラダに仕上げました。レモンは、たっぷり1片分しぼるのがおすすめ。

048

たらことカニカマの
カルボナーラ風スパサラ

1人あたり
176 kcal

材料（2〜3人分）

- たらこ --- 1/4腹 (20g)
- カニカマ（市販）--- 4本 (60g)
- きゅうり --- 1/2本 (50g)
- にんじん --- 1/3本 (50g)
- 水菜 --- 適量
- スパゲッティ --- 70g
- 卵黄 --- 1個分
- パルメザンチーズ（粉末）、
  粗挽き黒こしょう --- 各小さじ1/4
- シーザーヨーグルトドレッシング
  （P.063参照）--- 大さじ3

作り方

① たらこは薄皮をはがして身をほぐす。カニカマは食べやすい大きさに身をほぐす。きゅうり、にんじんはそれぞれ千切りにして塩少々（分量外）をもみ込み、水けをしぼる。水菜は2cm幅に切る。

② スパゲッティは表示規定時間通りにゆでてザルにあげ、水けをきる。

③ ボウルで①のカニカマ、きゅうり、にんじん、②、卵黄、シーザーヨーグルトドレッシングを和える。

④ ③を巻きつけながら盛り、①の水菜、たらこをのせてパルメザンチーズと粗挽き黒こしょうをふりかける。

☑ 料理 & 栄養メモ　コクのあるシーザーヨーグルトドレッシングを生かした、カルボナーラ風の濃厚パスタサラダです。たらこの代替として、明太子を使用してもおいしさそのまま。

いかとラディッシュの海鮮サラダ

1人あたり **165** kcal

材料（2〜3人分）

- いか ･･･ 1ぱい
- ラディッシュ ･･･ 6個
- セロリ ･･･ 1/2本（50g）
- きゅうり ･･･ 1/4本（25g）
- 水菜 ･･･ 1束（50g）
- にんにく ･･･ 2片（12g）
- Ⓐ
  - にんにく ･･･ 1/2片（3g）
  - 粗挽き黒こしょう ･･･ 少々
  - 豆乳（無調整）･･･ 小さじ2
  - マヨネーズ ･･･ 大さじ2
- オリーブオイル ･･･ 大さじ1

作り方

① いかは足を抜いて軟骨を取り除く。目、ワタ、くちばしを取り除いて足先を切り落とし、吸盤を包丁でこそぎ落として食べやすい大きさに切る。胴はきれいに洗って、1cm幅の輪切りにする。たっぷりのお湯で1〜2分ほどゆでてザルにあげ、しっかりと水けをきる。

② ラディッシュは2mm幅の薄切りにする。セロリは斜め切りにする。きゅうりはしま模様になるようにピーラーで縦に4カ所ほど皮をむいて1mm幅の輪切りにする。水菜は4cm幅に切る。

③ フライパンにオリーブオイルをひき、スライス切りにしたにんにく2片分（真ん中に芯がある場合は、爪楊枝で取る）を弱火で炒め、香りがたってきたら取り出す。

④ にんにく1/2片はすりおろして、Ⓐの調味料と合わせておく。皿に②の水菜→①→残りの②の順に盛り、Ⓐをかけて③を散らす。

☑ 料理 & 栄養メモ　ラディッシュはビタミンCが含まれており、肌の調子をととのえてくれます。「ハツカダイコン」とも呼ばれ、種をまいてから二十日ほどで採れるのが由来だそうです。

しらすとレタスのペペロンチーノサラダ

1人あたり 138 kcal

材料（2〜3人分）

しらす（釜揚げまたは干し）--- 50g
大葉 --- 4枚
にんにく --- 2片(12g)
グリーンカール --- 葉4枚
赤とうがらし --- 1本
塩、粗挽き黒こしょう
　　--- 各小さじ1/4
オリーブオイル --- 大さじ3

作り方

① 大葉は千切りにする。にんにくはスライス切りにする（真ん中に芯がある場合は、爪楊枝で取る）。グリーンカールは根元から葉をちぎる。赤とうがらしは種を取り除き、輪切りにする。

② フライパンにオリーブオイルをひき、①のにんにく、赤とうがらしを弱火で炒める。にんにくの表面がきつね色になってきたら、にんにくと赤とうがらしを一度取り出す。しらすを入れて1〜2分ほど炒め、塩と粗挽き黒こしょうで味つけする。

③ 皿に①のグリーンカールをしき、②のしらすを熱い状態でのせて①の大葉をのせる。②で取り出したにんにくと赤とうがらしを散らす。

☑ 料理＆栄養メモ　グリーンカールはやわらかな歯触りとクセのない味が特徴で、しらすのようなやさしい味わいの食材と相性ばっちり。にんにくと赤とうがらしでパンチを出しています。

サーモンのセビーチェ

1人あたり 289 kcal

材料（2〜3人分）

- サーモン（刺身用）--- 1冊（100g）
- トマト --- 1個（100g）
- アボカド --- 1個
- きゅうり --- 1/2本（50g）
- 紫玉ねぎ --- 1/4個（50g）
- Ⓐ
  - にんにく --- 1片（6g）
  - 塩 --- 小さじ1/4
  - 粗挽き黒こしょう --- 少々
  - レモン汁 --- 大さじ1と1/2
  - チリパウダー --- 小さじ2
  - オリーブオイル --- 大さじ2と1/2

作り方

① サーモン、トマト、アボカド、きゅうりはそれぞれ1cm角に切る。

② 紫玉ねぎは粗めのみじん切りにして、水をはったボウルに5分ほどさらして水けをきる。にんにくはすりおろして、Ⓐの調味料と合わせておく。

③ ボウルに①、②、Ⓐを入れて和える。

☑ **料理 & 栄養メモ**　セビーチェとは、ペルーやメキシコなどで作られている魚介のマリネのこと。チリパウダーは、使うことで本格的な味わいに仕上がるため、はずせない香辛料です。

オイルサーディンのパクチーサラダ

1人あたり 132 kcal

材料（2〜3人分）

オイルサーディン --- 1/2缶 (50g)
パクチー --- 5株
にんにく --- 2片 (12g)
Ⓐ ┃ しょうゆ --- 小さじ1
　 ┃ レモン汁 --- 小さじ1
　 ┃ ごま油 --- 小さじ2
ケッパー（瓶詰）--- 小さじ1
オリーブオイル --- 大さじ1

作り方

① パクチーは3cm幅に切る。にんにくはスライス切りにする（真ん中に芯がある場合は、爪楊枝で取る）。

② フライパンにオリーブオイルをひき、①のにんにくがカリカリになるまで弱火で炒める。

③ ボウルにオイルサーディン、①のパクチー、②、Ⓐを入れて和える。皿に盛り、ケッパーをふりかける。

料理 & 栄養メモ　オイルサーディンはとてもやわらかくて崩れやすいので、少し形を残して和えると食感が楽しめます。パクチーとからめながら食べると、味がなじんでおいしいです。

かじきチーズフライの彩りサラダ

1人あたり **250** kcal

材料（2〜3人分）

- かじき（切り身）･･･2枚
- レタス･･･葉4枚
- パプリカ（黄）･･･1/4個
- ラディッシュ･･･3個
- ベビーリーフ･･･10g
- Ⓐ 小麦粉･･･大さじ1
- Ⓐ パルメザンチーズ（粉末）･･･大さじ1
- 粗挽き黒こしょう･･･少々
- 溶き卵･･･1/2個分
- パン粉･･･大さじ2
- タルタルソース（P.031参照）･･･お好みの量
- サラダ油･･･適量

作り方

① かじきはペーパータオルで表面の水けをふき取り、3cm幅に切る。Ⓐをボウルで合わせておく。かじきの両面に粗挽き黒こしょうをふりかけて、Ⓐのボウルに入れてまぶし、さらに溶き卵→パン粉の順にまぶす。

② フライパンに4cm深さのサラダ油を入れて、170℃に温める。①を3〜4分ほどカリッとするまで揚げて、ペーパータオルをしいたバットにあげる。

③ レタスは食べやすい大きさに手でちぎる。パプリカは5mm幅の薄切りにする。ラディッシュは2mm幅の輪切りにする。

④ 皿に③のレタス、ベビーリーフをしき、②、③のパプリカ、ラディッシュをのせて、タルタルソースをかける。

☑ 料理＆栄養メモ
かじきは魚のなかでも脂肪が少なく淡白なので、フライにしてもしつこくないのがgood。濃厚なソースと組み合わせても、サクサクとさっぱり食べられます。

ハワイ風ポキサラダ

1人あたり **223** kcal

材料（2〜3人分）

- まぐろ (刺身用) --- 130g
- アボカド --- 1個
- 紫玉ねぎ --- 1/6個 (約25g)
- サンチュ --- 葉4枚
- ナッツ --- 大さじ1 (10g)
- Ⓐ
  - しょうが --- 1片 (6g)
  - しょうゆ --- 大さじ1と1/2
  - みりん --- 小さじ1
  - ごま油 --- 小さじ2
  - ラー油 --- 小さじ1/2
- いりごま (白) --- 大さじ1/2
- レモン (1/8のくし切り) --- 適量

作り方

① まぐろは2cm角に切る。アボカドは一口大に切る。紫玉ねぎは薄切りにし、水をはったボウルに5分ほどさらして水けをきる。サンチュは食べやすい大きさに手でちぎる。ナッツは粗めにくだく。しょうがはみじん切りにして、Ⓐの調味料と合わせておく。

② ボウルに①のまぐろ、Ⓐを入れて合わせ、ラップをして冷蔵庫で30分以上漬ける。漬け込んだら、食べる直前に①のアボカドと和える。

③ 皿に①のサンチュ、②、①の紫玉ねぎを盛る。①のナッツ、いりごまをふってレモンを添える。

☑ **料理＆栄養メモ**　まぐろにはDHAが豊富に含まれており、成長期の子どもの脳の構成などに大切な栄養素。子どもが食べる場合はラー油の量を減らして辛さを調整してもいいでしょう。

055

Column 1.

生野菜をおいしく食べる

30のドレッシング

かけたり、和えたり、ソースにしたり…自家製ドレッシングを作るひと手間で、サラダのおいしさがワンランクアップ！

01:
エスニック
ドレッシング

材料と作り方（作りやすい分量）
にんにく1片は極みじん切りにする。赤とうがらし1本は種を取り除き、輪切りにする。ボウルににんにく、赤とうがらし、はちみつ大さじ1/2、レモン汁大さじ3、ナンプラー大さじ1と1/2、ごま油大さじ1を入れて、よく混ぜ合わせる。

02:
クミンカレー
ドレッシング

材料と作り方（作りやすい分量）
にんにく1/2片はすりおろす。ボウルににんにく、砂糖小さじ1、クミンパウダー小さじ1/2、カレー粉小さじ1/2、米酢大さじ1、オリーブオイル大さじ2を入れて、砂糖が溶けるまで混ぜ合わせる。

03:
バルサミコ
ドレッシング

材料と作り方（作りやすい分量）
玉ねぎ1/6個とにんにく1/2片はそれぞれすりおろす。ボウルに玉ねぎ、にんにく、砂糖小さじ2、しょうゆ小さじ2、バルサミコ酢大さじ1と1/2、オリーブオイル大さじ3、塩と粗挽き黒こしょう各少々を入れて、よく混ぜ合わせる。

04:

ローズマリードレッシング

材料と作り方（作りやすい分量）
ローズマリー1/2枝は枝から葉をもぎ、みじん切りにする。ボウルにローズマリー、塩小さじ1/4、はちみつ小さじ2、レモン汁小さじ2、白ワインビネガー大さじ1と1/2、オリーブオイル大さじ3を入れて、よく混ぜ合わせる。

05:

フレンチマスタードドレッシング

材料と作り方（作りやすい分量）
ボウルに砂糖小さじ1、粒マスタード小さじ1、白ワインビネガー大さじ1と1/2、オリーブオイル大さじ3、塩と粗挽き黒こしょう各少々を入れて、よく混ぜ合わせる。

06:

キャロットドレッシング

材料と作り方（作りやすい分量）
にんじん1/4本と玉ねぎ1/6個はそれぞれすりおろす。ボウルににんじん、玉ねぎ、しょうゆ小さじ1、はちみつ小さじ2、りんご酢大さじ1、オリーブオイル大さじ2を入れて、よく混ぜ合わせる。

07:

ディルジェノバドレッシング

材料と作り方（作りやすい分量）
ミキサーにディルの葉7g、にんにく1/2片、松の実10g、粉チーズ10g、バター5g、オリーブオイル80ml、アンチョビフィレ1本、塩少々を入れて、なめらかになるまで撹拌する。

08:

しょうがドレッシング

材料と作り方（作りやすい分量）

しょうが4片はすりおろす。ボウルにしょうが、しょうゆ大さじ1と1/2、塩小さじ1/4、砂糖小さじ1、米酢大さじ1と1/2、ごま油大さじ2を入れて、砂糖が溶けるまで混ぜ合わせる。

09:

ねぎおろしドレッシング

材料と作り方（作りやすい分量）

大根50gはすりおろして水けをきる。白ねぎ10gは極みじん切りにする。塩昆布5gははさみで食べやすい大きさに切る。ボウルに大根、白ねぎ、塩昆布、しょうゆ大さじ1、米酢大さじ2、サラダ油大さじ2を入れて、よく混ぜ合わせる。

10:

梅麹ドレッシング

材料と作り方（作りやすい分量）

梅干し1個は種を取り除き、包丁でたたく。ボウルに梅干し、砂糖小さじ2、塩麹大さじ2、米酢大さじ2、オリーブオイル大さじ1を入れて、砂糖が溶けるまで混ぜ合わせる。

11:

わさびドレッシング

材料と作り方（作りやすい分量）

にんにく1/2片はすりおろす。ボウルににんにく、練りわさび小さじ1/2、塩小さじ1/4、しょうゆ小さじ2、米酢大さじ2、ごま油大さじ1と1/2を入れて、よく混ぜ合わせる。

12 :

すだち黒酢ドレッシング

材料と作り方（作りやすい分量）

すだち3個はしぼる。玉ねぎ1/6個としょうが1片はそれぞれすりおろす。ボウルにすだちのしぼり汁、玉ねぎ、しょうが、しょうゆ大さじ1、はちみつ小さじ2、黒酢大さじ2、ごま油大さじ1と1/2を入れて、よく混ぜ合わせる。

13 :

ノンオイル和風りんごドレッシング

材料と作り方（作りやすい分量）

りんご1/6個と玉ねぎ1/6個はそれぞれすりおろす。ボウルにりんご、玉ねぎ、しょうゆ大さじ1、はちみつ小さじ2、りんご酢大さじ2を入れて、よく混ぜ合わせる。

14 :

ノンオイルゆずこしょうドレッシング

材料と作り方（作りやすい分量）

ボウルにゆずこしょう小さじ1/3、砂糖小さじ2、レモン汁小さじ2、米酢大さじ1、ポン酢大さじ2を入れて、よく混ぜ合わせる。

15 :

ノンオイル青じそドレッシング

材料と作り方（作りやすい分量）

大葉4枚はみじん切りにする。ボウルに大葉、しょうゆ小さじ1、水大さじ3、めんつゆ（三倍濃縮）大さじ1、米酢大さじ2、白いりごま小さじ1、かつお節1パックを入れて、よく混ぜ合わせる。

16:
甘辛ごまドレッシング

材料と作り方（作りやすい分量）
ボウルに砂糖小さじ2、白すりごま大さじ2、しょうゆ大さじ1、米酢大さじ1、豆乳（無調整）大さじ2、白ねりごま大さじ2、豆板醤小さじ1/2を入れて、よく混ぜ合わせる。

17:
ヤンニョムドレッシング

材料と作り方（作りやすい分量）
にんにく1/2片はみじん切りにする。ボウルににんにく、白すりごま大さじ1、しょうゆ大さじ2、はちみつ小さじ2、米酢大さじ1、ケチャップ小さじ2、コチュジャン小さじ2、ごま油大さじ1と1/2を入れて、よく混ぜ合わせる。

18:
ねぎ塩ドレッシング

材料と作り方（作りやすい分量）
白ねぎ10gは極みじん切りにする。にんにく1/2片はすりおろす。ボウルに白ねぎ、にんにく、塩小さじ1/2、鶏がらスープの素（顆粒）小さじ1/2、白いりごま小さじ1、紹興酒（または酒）小さじ2、米酢大さじ2、ごま油大さじ3を入れて、よく混ぜ合わせる。

19:
濃厚中華ドレッシング

材料と作り方（作りやすい分量）
しょうがが2片は極みじん切りにする。赤とうがらし1本は種を取り除き、輪切りにする。ボウルにしょうが、赤とうがらし、砂糖小さじ2、白いりごま小さじ2、しょうゆ大さじ2、オイスターソース小さじ2、米酢大さじ2、ごま油大さじ2を入れて、よく混ぜ合わせる。

20 : スイートチリライムドレッシング

材料と作り方（作りやすい分量）

ボウルに砂糖小さじ2、スイートチリソース大さじ2、ライム果汁大さじ1、ナンプラー大さじ1、ごま油大さじ1を入れて、よく混ぜ合わせる。

21 : グリーンカレードレッシング

材料と作り方（作りやすい分量）

ボウルに砂糖小さじ1、グリーンカレーペースト小さじ1/2、ココナッツオイル大さじ2、レモン汁大さじ1、ナンプラー小さじ1を入れて、砂糖が溶けるまで混ぜ合わせる。

22 : 濃厚パクチードレッシング

材料と作り方（作りやすい分量）

ミキサーにパクチー2株、にんにく1片、アンチョビフィレ2本、しょうゆ小さじ1、レモン汁大さじ1、牛乳大さじ2、マヨネーズ大さじ2、粗挽き黒こしょう少々を入れて、なめらかになるまで撹拌する。

ドレッシングの保存方法

手作りのドレッシングは、空気に触れないように密閉容器に入れて冷蔵保存しましょう。市販のものよりも消費期限が短いため、2～3日間を目安にして、できるだけ早めに使い切るようにするのがポイントです。

23：
レモンドレッシング

材料と作り方（作りやすい分量）
しょうがは1片はすりおろす。ボウルにしょうが、砂糖大さじ1、レモンのしぼり汁50㎖、オリーブオイル大さじ2を入れて、砂糖が溶けるまで混ぜ合わせる。

24：
キウイドレッシング

材料と作り方（作りやすい分量）
ミキサーにキウイ1個、はちみつ小さじ1、米酢大さじ1、オリーブオイル大さじ1を入れて、なめらかになるまで撹拌する。

25：
3種ベリードレッシング

材料と作り方（作りやすい分量）
ミキサーに冷凍ベリーミックス50g、はちみつ小さじ1、白ワインビネガー小さじ2、オリーブオイル大さじ1を入れて、なめらかになるまで撹拌する。

26：
パイナップルドレッシング

材料と作り方（作りやすい分量）
ミキサーにパイナップル100g、りんご酢大さじ1、オリーブオイル大さじ1と1/2、塩少々を入れて、なめらかになるまで撹拌する。

27:
豆乳アボカドドレッシング

材料と作り方（作りやすい分量）
ミキサーにアボカド1個、はちみつ小さじ2、レモン汁大さじ1/2、豆乳（無調整）100㎖、オリーブオイル大さじ2、塩と粗挽き黒こしょう少々を入れて、なめらかになるまで撹拌する。

28:
明太クリームドレッシング

材料と作り方（作りやすい分量）
明太子1/2腹は薄皮をはがして、身をほぐす。ボウルに明太子、牛乳大さじ2、マヨネーズ大さじ3、塩と粗挽き黒こしょう少々を入れて、よく混ぜ合わせる。

29:
メキシカンハニードレッシング

材料と作り方（作りやすい分量）
ミキサーに玉ねぎ1/8個、ミニトマト3個、にんにく1/2片、はちみつ小さじ2、ケチャップ大さじ2、タバスコ小さじ1、オリーブオイル大さじ1、お好みでチリパウダー小さじ1を入れて、なめらかになるまで撹拌する。

30:
シーザーヨーグルトドレッシング

材料と作り方（作りやすい分量）
にんにく1/2片はすりおろす。アンチョビフィレ2本はみじん切りにする。ボウルににんにく、アンチョビフィレ、粉チーズ大さじ1と1/2、レモン汁大さじ2、ヨーグルト（無糖）大さじ4、マヨネーズ大さじ3、粗挽き黒こしょう少々を入れて、よく混ぜ合わせる。

2章　和風サラダ

あじの干物と
ひじきの
ガーリックサラダ

1人あたり
131
kcal

材料（2〜3人分）

あじ（干物）--- 1枚（約70g）　　にんにく --- 2片（12g）

芽ひじき（乾燥）--- 5g　　　　　赤とうがらし --- 1本

みつば --- 2束（60g）　　　　　しょうゆ --- 小さじ2

木綿豆腐 --- 1/3丁（約100g）　　オリーブオイル --- 大さじ1

作り方

① 魚焼きグリルを熱し、中火の状態であじの皮面が下に
　なるように入れる。5分ほど焼いたらひっくり返して、
　さらに5分ほど焼いて骨と皮を取り除き、大きめにほ
　ぐす。

② 芽ひじきはたっぷりのお湯に10分ほど浸して戻し、ザ
　ルにあげて水けをきる。みつばは3cm幅に切る。豆腐
　は水をきり、スプーンなどで食べやすい大きさにくず
　す。にんにくはスライス切りにする（真ん中に芯がある場
　合は、爪楊枝で取る）。赤とうがらしは種を取り除き、輪
　切りにする。

③ フライパンにオリーブオイルをひき、②のにんにくを
　弱火で炒める。にんにくの香りがたってきたら、芽ひ
　じき、赤とうがらしを入れて中火で炒める。全体がな
　じんだらしょうゆを加えて味つけする。

④ ボウルに①、②の豆腐、みつば、③を入れて和える。

☑ **料理 & 栄養メモ**

ひじきにはカルシウムが豊富に含まれており、骨の健康を手助けして
くれる効果があります。あじの干物とも相性がよく、炒めることで具
材としての存在感も増します。

日々慣れ親しんだ和食の味わいを、サラダでたっぷりと
お召し上がりください。老若男女問わず愛されるやさしい味わいが、
ご家庭の定番になればうれしいです。

ぶりと水菜のハリハリサラダ

材料（2〜3人分）

- ぶり（刺身用）---1冊（100g）
- 水菜---1と1/2束（80g）
- みょうが---2本
- かつお節---1パック（2g）
- 刻みのり---適量
- ノンオイル青じそドレッシング（P.059参照）
  ---大さじ3

作り方

① 水菜は3cm幅に切る。みょうがは2mm幅の千切りにする。
② ボウルにすべての材料を入れて、和える。

✓ 料理＆栄養メモ　ビタミンCたっぷりの水菜は、風邪予防の味方！ ポイントはなんといっても新鮮さなので、使用の際はしっかりと水けをきってシャキシャキ感を出しましょう。

大根と塩麹マヨたらの甘辛サラダ

1人あたり 120 kcal

材料（2〜3人分）

- たら（切り身）--- 2枚
- 大根 --- 70g
- きゅうり --- 1本（100g）
- サンチュ --- 葉2枚
- Ⓐ
  - 塩麹 --- 小さじ2
  - マヨネーズ --- 大さじ2
  - 七味とうがらし --- 小さじ1/2
- しょうがドレッシング（P.058参照）
  --- 大さじ1

作り方

① たらは3cm幅に切り、ペーパータオルで表面の水けをふく。ボウルでⒶを混ぜ合わせて、たらの片面に塗る。天板にオーブンシートをしき、たらを並べて、1000Wのオーブントースターで6〜7分ほど焼き色がつくまで焼く。

② 大根、きゅうりはそれぞれピーラーで薄くスライスする。サンチュは食べやすい大きさに手でちぎる。

③ 皿に②をのせて、①を盛り、しょうがドレッシングをかける。

☑ 料理＆栄養メモ　淡白なたらにマヨネーズを塗っているので、香ばしい味わいがプラスされてさらにおいしく。オーブントースターでこんがりと焼き色がつくまで焼くのがポイントです。

かいわれ大根としらすの黒酢ジュレサラダ

1人あたり **73** kcal

材料（2〜3人分）

- しらす（釜揚げまたは干し）--- 50g
- かいわれ大根 --- 1パック
- 大根 --- 50g
- 紫玉ねぎ --- 1/4個（50g）
- Ⓐ しょうゆ、はちみつ --- 各大さじ1
  黒酢 --- 大さじ4
- ゼラチン（粉末）--- 3g

作り方

① かいわれ大根は根元を切る。大根は5cm長さの千切りにする。紫玉ねぎは2mm幅の薄切りにし、水をはったボウルに5分ほどさらして水けをきる。

② 小鍋にⒶを入れて弱火にかけ、沸騰寸前で火をとめて、粉ゼラチンを加えて混ぜる。1cm高さの保存容器に流し込み、氷水をはったバットにあてて一気に粗熱をとる。粗熱がとれたら冷蔵庫で2時間ほど冷やす。

③ ボウルに①を入れて和える。皿に盛り、しらすをたっぷりとのせて、②をスプーンでくずしながらのせる。

☑ 料理 & 栄養メモ　黒酢ジュレは、細かくくだいてサラダ全体に味が行き渡るようにしましょう。ドレッシングいらずで手間が少なく、見た目もきれいなのでおもてなしにもぴったり！

たことセロリのわさびマヨサラダ

1人あたり **131** kcal

材料（2〜3人分）

- たこ（ボイル）--- 100g
- セロリ --- 1本 (100g)
- きゅうり --- 1本 (100g)
- いかくんせい（市販）--- 40g
- Ⓐ
  - 練りわさび --- 小さじ1/2
  - 牛乳 --- 大さじ1
  - マヨネーズ --- 大さじ2
- 七味とうがらし --- 適量

作り方

① たこは食べやすい大きさに切る。セロリの葉は2cm幅に切り、茎は3mm幅の斜め切りにする。きゅうりは縦半分に切って2mm幅の斜め切りにする。

② ボウルに①、いかくんせい、Ⓐを入れて和える。皿に盛り、七味とうがらしをふる。

✓ 料理 & 栄養メモ　セロリの葉の苦みが強い場合は、5分ほど水にさらしてから使うと緩和されます。独特の食感のあるいかくんせいを入れることで、今までにないサラダを楽しんでみて！

しいたけと白子の
ポン酢バターサラダ

1人あたり **112** kcal

材料（2〜3人分）

しいたけ --- 4枚
白子（今回はしゃけの白子を使用）--- 100g
水菜 --- 1束（50g）
小ねぎ --- 1本
塩、粗挽き黒こしょう --- 各少々
薄力粉 --- 適量
ポン酢 --- 大さじ1と1/2
バター --- 15g
わさびドレッシング（P.058参照）--- 大さじ1

作り方

① しいたけは軸を切り、半分に切る。水菜は3cm幅に切る。小ねぎは2mm幅の輪切りにする。

② 白子の下処理をする。塩少々（分量外）を全体にふりかけてぬめりを取り、水でよく洗ってペーパータオルでふく。塩と粗挽き黒こしょうをふりかけて、薄力粉を全体に薄くまぶす。

③ フライパンにバターを溶かし、①のしいたけ、②を入れて中火で炒める。白子の表面に焼き色がついたら、ポン酢を加えて味つけする。

④ 皿に①の水菜をしき、③を盛りつける。①の小ねぎを真ん中にのせて、わさびドレッシングをかける。

> **Point　白子のくさみ取りには牛乳を**
>
> 白子は、魚介のなかでも臭みが少ない食材です。しかし、生臭さが気になる場合は、白子が浸るくらいの牛乳に30分〜1時間ほど浸し、水で洗い水けをきって使用するとよいでしょう。

☑ 料理＆栄養メモ　しいたけには、グアニル酸という旨み成分が豊富に含まれています。クセが少なくさっぱりとしているので、白子のような濃厚食材と組み合わせると味が引き立ちます。

キャベツとあさりの酒蒸しサラダ

1人あたり 145 kcal

材料（2〜3人分）

- あさり --- 200g
- キャベツ --- 葉6枚
- しめじ --- 1/2パック (50g)
- ベーコン（ブロック）--- 50g
- にんにく --- 2片 (12g)
- 赤とうがらし --- 1本
- 酒 --- 大さじ3
- しょうゆ --- 小さじ2
- バター --- 15g

作り方

① あさりの砂抜きをする。バットにあさりを並べて、あさりがかぶるくらいまで塩水（水500mlに対し、塩15gの割合）を注ぎ入れる。新聞紙などをかぶせて3時間ほどおき、水で殻同士をこすりながらしっかりと洗う。

② キャベツは大きめの5cm角に切る。しめじは石づきを切り、手でほぐす。ベーコンは5mm幅の短冊切りにする。にんにくは包丁の背でつぶす。赤とうがらしは種を取り除く。

③ フライパンに②のキャベツ→ベーコン→しめじ→①のあさりの順にしき詰めて、②のにんにく、赤とうがらしをのせてフタをし、酒を回し入れて7〜8分ほど弱火で蒸し煮にする。フタをあけてしょうゆ、バターを入れて味つけする。

☑ 料理＆栄養メモ　キャベツは、大きめの角切りにすることで蒸しても具材としての存在感が残り、食べごたえが出ます。キャベツのやわらかな甘さと、あさりの旨みを一緒に楽しんで。

牡蠣とわさび菜の和風サラダ

1人あたり
100
kcal

材料（2〜3人分）

牡蠣（加熱用）--- 150g
わさび菜 --- 1束（60g）
塩 --- 小さじ1
片栗粉 --- 大さじ2
酒 --- 大さじ1
Ⓐ ┃ しょうゆ --- 小さじ2
　 ┃ オイスターソース --- 小さじ2
わさびドレッシング（P.058参照）
　 --- 大さじ2
オニオンフライ（P.133参照）
　 --- 大さじ1

作り方

① ボウルに牡蠣を入れ、塩と片栗粉を全体にまぶしてもみ込み、流水で洗う。ザルにあげて、ペーパータオルでしっかりと水けをふく。

② わさび菜は3cm幅に切る。

③ 冷たい状態のフライパンに①を並べて、酒をふりかけてから強火にかける。円を描くようにフライパンをゆすりながら、一気に両面を焼く。牡蠣の表面に焼き色がつき水分が出てきたら、弱火にしてⒶを入れ、水分がなくなるまで煮詰める。

④ ボウルに②、③、わさびドレッシングを入れて和える。皿に盛り、トッピングのオニオンフライを散らす。

✓ 料理 & 栄養メモ　わさび菜は、葉っぱの端がギザギザとしているのが特徴。色鮮やかでボリュームもあり、サラダに入れると見栄えがします。少しピリッとした辛さがクセになります。

ほたてと大根のとびっこサラダ

材料（2〜3人分）
ほたて缶（水煮）--- 1缶（約120g）
大根 --- 150g
フリルレタス --- 葉4枚
とびっこ --- 大さじ1
塩 --- 小さじ1/4
Ⓐ ┃ すりごま（白）--- 小さじ2
　┃ オイスターソース --- 小さじ1
　┃ マヨネーズ --- 大さじ2

作り方
① ほたては水けをきって、身をほぐす。大根は2mm幅の千切りにして塩をもみ込み、水けをしっかりときる。フリルレタスは食べやすい大きさに手でちぎる。
② ボウルに①のほたて、大根、Ⓐを入れて和える。
③ 皿に①のフリルレタスをしき、②を盛って、とびっこをのせる。

☑ 料理＆栄養メモ　塩もみした大根は、しっかりと水けをきらないとソースと和えたときに水っぽさが残り、味がぼやけてしまいます。もし水けが多くなってしまった場合は、マヨネーズを少量ずつ加えてお好みの味に調整しましょう。

千切り根菜とツナののりマヨサラダ

材料（2〜3人分）
ごぼう --- 2/3本（100g）
にんじん --- 1/2本（75g）
ツナ缶（水煮）--- 1缶（約75g）
マヨネーズ --- 大さじ2
のりの佃煮（市販）--- 大さじ1

作り方
① ごぼう、にんじんはそれぞれ2mm幅の千切りにし、水をはったボウルにさらす。ツナは水けをきる。
② ボウルに①、マヨネーズ、のりの佃煮を入れて和える。

☑ 料理＆栄養メモ　千切りしてもしっかりシャキシャキ感が出るごぼうやにんじんをたっぷり使ったサラダです。のりの佃煮はメーカーによって味の濃さや風味が異なるので、薄い場合は小さじ1ずつ追加して、味を調整してください。

黒ごまチキンと九条ねぎのサラダ

1人あたり 299 kcal

材料（2～3人分）

- 鶏もも肉 --- 1枚（250g）
- 九条ねぎ --- 4本
- 水菜 --- 1束（50g）
- 大葉 --- 4枚
- しょうが --- 2片（12g）
- 塩、粗挽き黒こしょう
   --- 各少々
- 薄力粉 --- 大さじ2

Ⓐ
- 砂糖 --- 小さじ2
- しょうゆ --- 大さじ1
- 酒 --- 大さじ2
- オイスターソース --- 小さじ2

- いりごま（黒） --- 大さじ2
- ごま油 --- 大さじ1

作り方

① 鶏肉は一口大に切り、塩と粗挽き黒こしょうをもみ込んで薄力粉を全体に薄くまぶす。

② 九条ねぎは4cm長さの斜め切りにする。水菜は3cm幅に切る。大葉は千切りにする。しょうがはみじん切りにする。

③ フライパンにごま油をひき、②のしょうがを弱火で炒める。しょうがの香りがたってきたら、①を入れて中火で炒める。鶏肉の表面に焼き色がついたら、Ⓐを入れて弱火でじっくりと炒める。いりごまをふり、全体をからめる。

④ ボウルに②の九条ねぎ、水菜、大葉、③を入れて和える。

✓ 料理 & 栄養メモ　京野菜である九条ねぎは、京都の九条地区で作られたことが発祥といわれています。ぬめりに含まれる味の甘みが特徴で、サラダに入れれば色々な食材と相性抜群です。

野沢菜とささみのねぎ塩サラダ

1人あたり
162 kcal

材料（2〜3人分）

鶏ささみ --- 2本(200g)
野沢菜漬け(市販) --- 100g
きゅうり --- 1本(100g)
みつば --- 1束(30g)

Ⓐ
- 長ねぎ --- 30g
- にんにく --- 1片(6g)
- 塩、粗挽き黒こしょう、鶏がらスープの素(顆粒)
   --- 各小さじ1/3
- ごま油 --- 大さじ2

作り方

① 鍋に塩小さじ2（分量外）を入れたたっぷりのお湯を用意し、鶏ささみを入れて火をとめる。フタをして10分ほどおき、取り出して大きめに裂く。

② 野沢菜漬けは3cm幅に切る。きゅうりは縦半分に切り、3mm幅の斜め切りにする。みつばは3cm幅に切る。長ねぎはみじん切りに、にんにくはすりおろして、それぞれⒶの調味料と合わせておく。

③ ボウルに①、②、Ⓐを入れて和える。

☑ 料理＆栄養メモ　ささみは低カロリー＆高たんぱくなので、トレーニングをしている方やダイエット中の方にもおすすめです。比較的価格も安く、お財布にやさしいのもうれしいところ。

みそ漬けささみと白菜のサラダ

1人あたり 142 kcal

材料（2〜3人分）

鶏ささみ --- 2本（200g）
白菜 --- 葉2枚
スナップえんどう --- 3本
Ⓐ｜砂糖、酒 --- 各小さじ2
　｜みそ --- 大さじ2
バター --- 10g
パルメザンチーズ（粉末）--- 適量

作り方

① 鶏ささみは筋を取り、チャックつき保存袋にⒶとともに入れて、冷蔵庫で1時間以上漬ける。

② 白菜は葉と茎に分けて、葉は食べやすい大きさに手でちぎり、茎は薄い削ぎ切りにする。スナップえんどうは筋を取り、塩少々（分量外）を入れたたっぷりのお湯で1分ほどゆでて水けをきり、半分に割る。

③ アルミホイルに①、バターを入れて包み、1000Wのオーブントースターで8〜10分ほどこんがりときつね色になるまで焼き、食べやすい大きさに切る。

④ 皿に②の白菜、③を盛り、②のスナップえんどうをのせてパルメザンチーズをふりかける。

☑ 料理 & 栄養メモ
スナップえんどうはさやと豆どちらも食べられます。肉厚で食感があるので、サラダに入れると存在感が出ます。さっとゆでて二つに割り、豆を見せてもかわいいです。

彩り野菜と竜田揚げのゆずサラダ

1人あたり 352 kcal

材料（2〜3人分）

- 鶏もも肉 --- 1枚(250g)
- ゆず --- 1/2個
- なす --- 1本
- パプリカ(黄) --- 1/2個
- トマト --- 1個(100g)
- レタス --- 葉4枚
- 片栗粉 --- 適量
- Ⓐ
  - 粗挽き黒こしょう --- 小さじ1/4
  - しょうゆ、みりん --- 各大さじ1と1/2
- ノンオイルゆずこしょうドレッシング (P.059参照) --- 大さじ1〜2
- サラダ油 --- 適量

作り方

① 鶏肉は一口大に切る。ゆずは皮を少量削ぎ、しぼる。ボウルに鶏肉、ゆずのしぼり汁、Ⓐを入れてもみ込み、ラップをして冷蔵庫で20分以上漬ける。漬け込み後、鶏肉の表面に片栗粉を薄くまぶす。

② なす、パプリカはそれぞれ大きめの乱切りにする。トマトは縦6等分のくし切りにする。レタスは食べやすい大きさに手でちぎる。

③ 鍋に4cm深さのサラダ油を入れて、170℃に温める。①を3分ほど揚げて、ペーパータオルをしいたバットにあげて5分ほど休ませる。②のなす、パプリカを2〜3分ほど揚げる。揚げ油を180℃にして①を戻し入れ、1分半ほど二度揚げしてバットにあげる。

④ 皿に②のレタスをしき、トマト、③を盛り、①のゆず皮を散らしてノンオイルゆずこしょうドレッシングをかける。

✓ **料理&栄養メモ**　ゆずは、果汁だけでなく皮もおいしく利用しましょう。しっかりと洗ってから包丁で皮をそぎ、こってり系のサラダに加えれば、さっぱりとした味わいが楽しめます。

レモン照り焼きチキンのサラダ

1人あたり 253 kcal

材料（2〜3人分）

- 鶏もも肉 --- 1枚（250g）
- レモン --- 1/2個
- トマト --- 1個（100g）
- サニーレタス --- 葉5枚
- 塩、粗挽き黒こしょう --- 各少々
- 酒 --- 大さじ2
- Ⓐ
  - 砂糖 --- 小さじ2
  - しょうゆ --- 大さじ2
  - みりん、水 --- 各大さじ1
- オリーブオイル --- 小さじ2

作り方

① 鶏肉は表面にフォークで数カ所穴をあけて、塩と粗挽き黒こしょうをなじませる。レモンは5mm幅の輪切りにする。チャックつき保存袋に鶏肉とレモンを入れて、冷蔵庫で2時間以上漬ける。

② トマトは5mm幅の輪切りにする。サニーレタスは食べやすい大きさに手でちぎる。

③ フライパンにオリーブオイルをひき、①の皮面を下にして、レモンとともに中火で焼く。焼き色がついたらひっくり返し、ペーパータオルで余分な油をふき取る。レモンを取り出して酒を回し入れ、フタをして5〜6分ほど弱火で蒸し焼きする。フタをあけて、Ⓐを入れてたれとからめる。取り出して、1.5cm幅に切る。

④ 皿に②のサニーレタスをしき、トマトと③のレモンを交互に並べて、③の鶏肉をのせる。

✓ 料理＆栄養メモ　一緒に漬け込んだレモンは、鶏肉とともにこんがりと焼いてください。焼くとほろ苦い風味になりますが、酸みが和らぐのでレモンの新たな魅力が発見できるでしょう！

キャベツと焼きつくねの
お月見サラダ

1人あたり
212 kcal

材料（2〜3人分）

キャベツ --- 葉3枚
小ねぎ --- 2本
Ⓐ
| 鶏ひき肉 --- 150g
| やげん軟骨 --- 50g
| 長ねぎ --- 20g
| しょうが --- 1片(6g)
| しょうゆ、マヨネーズ
| --- 各小さじ1
| にんにく --- 1片(6g)
Ⓑ
| 砂糖 --- 小さじ1
| しょうゆ --- 大さじ1
| みりん --- 小さじ2
水 --- 100ml
いりごま（白） --- 小さじ1
卵黄 --- 1個分
ごま油 --- 大さじ1

作り方

① キャベツは5mm幅の千切りにする。小ねぎは小口切りにする。にんにくはすりおろしてⒷの調味料と合わせておく。

② 焼きつくねを作る（Ⓐ）。やげん軟骨は粗めのみじん切りにする。長ねぎ、しょうがはそれぞれみじん切りにする。ボウルにⒶをすべて入れて、粘りけが出るまで混ぜて、だ円形に成形する（つくね約6個分）。

③ フライパンにごま油をひき、②のつくねの両面に焼き色がつくまで中火で焼く。フライパンの側面から水を加えてフタをし、2〜3分ほど弱火で蒸し焼きする。

④ ③の水分が半分くらいになったらフタをあけて、Ⓑを入れて全体をからめる。

⑤ 皿に①のキャベツ、小ねぎをしき、④を並べる（真ん中はあけておく）。いりごまを散らし、真ん中に卵黄をのせる。

Point やげん軟骨が食感の決め手！

やげん軟骨とは、鶏の胸部の近くにある部位です。コリコリとした食感が特徴で、粗めのみじん切りにしてひき肉のなかに入れると、食感のアクセントになり噛みごたえが出ます。

☑ 料理 & 栄養メモ　キャベツのビタミンUは、胃の粘膜を丈夫にして消化の働きを助けてくれます。鶏ひき肉で作る焼きつくねはさっぱりとしているので、胃が疲れているときでも◎。

ブロッコリーと塩そぼろの
あんかけサラダ

1人あたり **214** kcal

材料（2〜3人分）

- 鶏ひき肉 --- 200g
- ブロッコリー --- 1/2株（100g）
- 絹豆腐 --- 1/2丁（約150g）
- ほうれん草（サラダ用） --- 20g
- しょうが --- 2片（12g）
- Ⓐ
  - 塩 --- 小さじ1/3
  - 酒 --- 大さじ2
  - 和風だし（和風スープの素小さじ1/4を水150mlで溶いたもの） --- 150ml
- 水溶き片栗粉（水1：片栗粉1） --- 適量
- ごま油 --- 小さじ2

作り方

① ブロッコリーは小房に分けて、たっぷりのお湯で2分ほどゆでてザルにあげる。豆腐は1cm角に切る。しょうがはみじん切りにする。

② フライパンにごま油をひき、①のしょうがを弱火で炒める。しょうがの香りがたってきたら、鶏肉を入れてヘラなどでそぼろ状になるように炒める。①の豆腐、Ⓐを入れて一煮立ちさせ、水溶き片栗粉を回し入れてとろみをつける。

③ 皿にサラダ用ほうれん草をしき、①のブロッコリーをのせて、②をたっぷりとかける（お好みで粗挽き黒こしょうをふりかけても、味がしまっておいしい）。

☑ 料理＆栄養メモ　ブロッコリーは、少し歯ごたえが残っている状態がベスト。ゆで過ぎるとやわらかくなり過ぎておいしさが半減してしまうので、長くゆでないように注意しましょう。

肉みそもやしの温玉サラダ

1人あたり 220 kcal

材料（2〜3人分）

豚ひき肉 --- 150g
もやし --- 1パック（200g）
しょうが --- 1片（6g）
A ┃ しょうゆ、オイスターソース --- 各小さじ2
　┃ みそ --- 大さじ1と1/2
　┃ みりん --- 大さじ1
温泉卵（P.134参照）--- 1個
七味とうがらし --- 小さじ1/3
ごま油 --- 小さじ2

作り方

① 鍋に塩少々（分量外）を入れたたっぷりのお湯を用意し、もやしを入れて30秒〜1分ほどゆでたら、ザルにあげて水けをきる。しょうがはみじん切りにする。

② フライパンにごま油をひき、①のしょうがを弱火で炒める。しょうがの香りがたってきたら、豚肉を入れてヘラなどでそぼろ状になるように中火で炒める。豚肉に半分ほど火が通ったら、Ⓐを加えて味つけしながら炒める。

③ 皿に①のもやしをしき、②を盛り、トッピングの温泉卵をのせて七味とうがらしをふる。

✓ 料理 & 栄養メモ

マイルドな温泉卵の旨みが、濃いめの肉みそをまろやかにしてくれる一品です。もやしに含まれるビタミンCは長時間ゆでると栄養が減ってしまうのでゆで過ぎに注意。

焼きねぎと砂肝のゆずこしょうサラダ

1人あたり 129 kcal

材料（2〜3人分）

- 砂肝 --- 150g
- 長ねぎ --- 1本
- クレソン --- 2束（100g）
- にんにく、しょうが --- 各1片（各6g）
- しょうゆ --- 小さじ2
- 酒 --- 大さじ1
- A
  - しょうゆ、ごま油 --- 各小さじ2
  - 米酢 --- 小さじ1
  - ゆずこしょう --- 小さじ1/2
- 一味とうがらし --- 適量
- ごま油 --- 小さじ2

作り方

① 砂肝はつながっている部分を切り、銀皮をそぎ落として縦5mmほどの浅い切れ目を入れる。長ねぎは4cm長さの斜め切りにする。クレソンは3cm幅に切る。にんにく、しょうがはそれぞれみじん切りにする。

② フライパンにごま油をひき、①のにんにく、しょうがを弱火で炒める。にんにくの香りがたってきたら、砂肝を入れて中火で炒める。砂肝の両面に焼き色がついたら、①の長ねぎ、しょうゆ、酒を入れて汁けがなくなるまで炒める。

③ ボウルに①のクレソン、②、Ⓐを入れて和える。皿に盛り、一味とうがらしをふりかける。

✓ 料理 & 栄養メモ

「ねぎまをサラダにしたらおいしいのでは…？」と思い、アレンジしたサラダです。長ねぎの白い部分は、焼き色がつくまでじっくり焼くと甘みが増しておいしいです。

ごぼうと手羽中の甘辛ホットサラダ

1人あたり 216 kcal

材料（2～3人分）

- 鶏手羽中 --- 8本
- ごぼう --- 1本（150g）
- エリンギ --- 2本（100g）
- いんげん --- 6本
- 塩、粗挽き黒こしょう --- 各少々
- Ⓐ
  - 砂糖 --- 小さじ2
  - しょうゆ --- 大さじ1と1/2
  - 酒 --- 大さじ2
  - 水 --- 300ml
  - オイスターソース --- 小さじ2
- 甘辛ごまドレッシング（P.060参照）
  --- 大さじ1
- ごま油 --- 小さじ2

作り方

① 手羽中は塩と粗挽き黒こしょうをもみ込む。ごぼうは5cm幅に切り、縦4等分に切る。エリンギは横半分に切り、縦4等分に切る。いんげんは4cm幅に切る。

② フライパンにごま油をひき、①の手羽中の皮面が下になるようにして、ごぼうとともに入れる。手羽中にうっすらと焼き色がついたら、①のエリンギ、Ⓐを入れて汁けがなくなるまで中火で煮込む。途中で①のいんげんを入れて、アクが出てきたらそのつどすくう。

③ 皿に②を盛り、甘辛ごまドレッシングをかける。

☑ 料理 & 栄養メモ　ごぼうは食感を残すために大きめに切って煮込むと、ホクホクとした味わいになります。手羽中との相性もよく、具だくさんで食べごたえのあるサラダになります。

春菊と牛たたきのすだちサラダ

1人あたり 183 kcal

材料（2〜3人分）

- 牛もも肉（かたまり）--- 200g
- すだち --- 1個
- 春菊 --- 1束（50g）
- ブロッコリースプラウト --- 1/2パック（20g）
- 小ねぎ --- 2本
- Ⓐ 塩、粗挽き黒こしょう --- 各小さじ1/3
- 玉ねぎ --- 1/4個（50g）
- Ⓑ ポン酢 --- 80ml
- すだちのしぼり汁 --- 1個分
- ごま油 --- 大さじ1

作り方

① 牛肉は常温に戻してⒶをもみ込む。すだちは2mm幅の薄切りにする。玉ねぎはすりおろしてⒷと合わせておく。

② フライパンにごま油をひき、牛肉の表面に焦げ目がつくまで中火で焼く。二重にしたアルミホイルで包み、粗熱がとれたらⒷとともにチャックつき保存袋に入れて、冷蔵庫で2時間半〜3時間ほど漬ける。

③ 春菊は3cm幅に切る。ブロッコリースプラウトは根元を切る。小ねぎは小口切りにする。

④ ②の牛肉を薄く切る（漬け汁は残しておく）。ボウルに牛肉、③の春菊、ブロッコリースプラウトを入れて和える。皿に盛り、①のすだちをのせて、③の小ねぎを散らし、漬け汁を大さじ2ほどかける。

☑ 料理 & 栄養メモ

ゆでたり炒めたりすることが多い春菊ですが、生でもおいしく食べられます。味が濃いめのドレッシングやソースを合わせれば、独特の苦みも和らいで食べやすく◎。

揚げれんこんと牛しぐれのサラダ

1人あたり 202 kcal

材料（2〜3人分）

- 牛こま切れ肉 --- 150g
- れんこん --- 40g
- 水菜 --- 1束（50g）
- 紫玉ねぎ --- 1/6個（約25g）
- しょうが --- 3片（18g）
- Ⓐ
  - しょうゆ、酒 --- 各大さじ1と1/2
  - みりん --- 小さじ2
  - はちみつ --- 大さじ1
- サラダ油 --- 適量

作り方

① れんこんは3mm幅の薄切りにし、酢水（水400mlに対し、酢小さじ1の割合）に5〜6分ほどさらして、ペーパータオルで水けをしっかりとふく。水菜は3cm幅に切る。紫玉ねぎは2mm幅の薄切りにし、水をはったボウルに5分ほどさらして水けをきる。しょうがは千切りにする。

② 鍋に①のしょうが、Ⓐを入れて中火で一煮立ちさせ、牛肉を入れて汁けがなくなるまで煮詰める。

③ フライパンにサラダ油を2cm深さほど入れて、170℃に温める。①のれんこんを入れてカリカリになるまで揚げて、ペーパータオルをしいたバットにあげる。

④ 皿に①の水菜、紫玉ねぎをしき、②をのせて、③を散らす。

✓ 料理 & 栄養メモ　揚げれんこんのようなカリカリの具材は、葉野菜や肉、魚とは違う食感が出るためサラダのアクセントになります。食べごたえも口触りも楽しくなるのでおすすめです。

牛しゃぶとアボカドの和風ごちそうサラダ

1人あたり **244** kcal

材料（2〜3人分）

- 牛ロース肉（しゃぶしゃぶ用）---120g
- アボカド---1個
- フリルレタス---葉6枚
- 紅芯大根---50g
- 大根---100g
- いくら（しょうゆ漬け）---適量
- Ⓐ ポン酢---大さじ2
  - ごま油---小さじ2

作り方

① アボカドは皮をむいて種を取り除き、横1cm幅に切る。フリルレタスは食べやすい大きさに手でちぎる。紅芯大根は半月切りにする。大根はすりおろし、しっかりと水けをしぼる。

② 鍋にたっぷりのお湯を沸かし、牛肉を1枚ずつ入れてゆでる。氷水をはったボウルで冷やし、ザルにあげて水けをきる。

③ 皿に①のアボカド、フリルレタス、紅芯大根、②を盛る。①の大根おろし、いくらを散らし、Ⓐを回しかける。

☑ 料理＆栄養メモ
紅芯大根やいくらなど、彩り豊かな食材をたっぷり使っておもてなしサラダに。お皿に固めて盛るのではなく、それぞれの食材を散りばめたほうがきれいで鮮やかです。

豚しゃぶとなすの明太おろしサラダ

1人あたり 146 kcal

材料（2〜3人分）

- 豚ロース肉（しゃぶしゃぶ用）--- 100g
- なす --- 2本
- 水菜 --- 1束（50g）
- かいわれ大根 --- 1/3パック
- 大根 --- 100g
- 明太子 --- 1/2腹（40g）
- 刻みのり --- 適量
- Ⓐ
  - いりごま（白）--- 小さじ2
  - ポン酢 --- 大さじ1
  - ごま油 --- 小さじ2

作り方

① なすはヘタを切って縦に切り込みを入れ、ラップで包んで600Wの電子レンジで4分ほど温める。やけどに注意しながら取り出し、さっと水にくぐらせたら、水けをきって手で縦4等分に裂く。水菜は3cm幅に切る。かいわれ大根は根元を切る。大根はすりおろし、しっかりと水けをきる。明太子は薄皮をはがして身をほぐし、ボウルで大根おろしと合わせる。

② 鍋にたっぷりのお湯を沸かし、豚肉を1枚ずつ入れてゆでる。氷水をはったボウルで冷やし、ザルにあげて水けをきる。

③ 皿に①の水菜→かいわれ大根→なす→②の豚肉→①の明太おろしの順にのせて、刻みのりを散らし、Ⓐを回しかける。

✅ 料理＆栄養メモ　なすは水けをきるときになかから熱い水分が出てくる可能性があるので、心配な場合はヘラなどでかるく押して熱い水分を出してから、手で裂くようにしましょう。

長芋とめかぶの豚しゃぶサラダ

1人あたり 112 kcal

材料（2〜3人分）

- 豚ロース肉（しゃぶしゃぶ用）
  - --- 120g
- 長芋 --- 4cm分（60g）
- サニーレタス --- 葉2枚
- わかめ（塩蔵）--- 20g
- めかぶ --- 50g
- とろろ昆布 --- 適量
- ねぎおろしドレッシング（P.058参照）
  - --- 大さじ1〜2

作り方

① 長芋は3mm幅の千切りにする。サニーレタスは食べやすい大きさに手でちぎる。わかめはよく洗って塩を落とし、3cm幅に切る。

② 鍋にたっぷりのお湯を沸かし、豚肉を1枚ずつ入れてゆでる。氷水をはったボウルで冷やし、ザルにあげて水けをきる。

③ 皿に①、②を盛る。めかぶ、とろろ昆布をのせて、ねぎおろしドレッシングをかける。

☑ 料理＆栄養メモ　消化の働きを助けるジアスターゼを含む長芋は、胃の調子を助けてくれる野菜のひとつです。熱に弱いため、サラダのように生の状態で上手に取り入れて食べましょう。

豚肉と高菜の明太ホットサラダ

1人あたり **183** kcal

材料（2〜3人分）

- 豚こま切れ肉 --- 150g
- 高菜漬け（市販）--- 50g
- 明太子 --- 1/4腹（20g）
- 小ねぎ --- 8本
- にんにく --- 1片（6g）
- しょうゆ --- 小さじ2
- 酒 --- 大さじ1
- ごま油 --- 小さじ2

作り方

① 明太子は薄皮をはがして身をほぐす。小ねぎは4mm幅の斜め切りにする。にんにくはみじん切りにする。

② フライパンにごま油をひき、①のにんにくを弱火で炒める。にんにくの香りがたってきたら豚肉、高菜漬けを入れて炒める。しょうゆ、酒を加えて味つけする。

③ 皿に①の小ねぎ、②を盛り、①の明太子を散らす。

料理 & 栄養メモ 豚肉には、疲労回復効果が期待できるビタミンB1がたっぷり。にんにくと食べるとその効果が高まるとされているので、今回はホットサラダとしてにんにくとともに。

薬味たっぷり！しょうが焼きサラダ

1人あたり **241** kcal

材料（2〜3人分）

豚肩ロース肉（薄切り）--- 200g
大葉 --- 3枚
みょうが --- 1本
長ねぎ --- 20g
レタス --- 葉4枚
もやし --- 1/2パック（100g）

Ⓐ
- しょうが --- 2片（12g）
- 砂糖 --- 小さじ2
- しょうゆ、みりん、紹興酒（酒でも可）--- 各大さじ1
- オイスターソース --- 小さじ2
- いりごま（白）--- 大さじ1

ごま油 --- 小さじ2

作り方

① 豚肉は筋にそって4カ所ほど包丁で切れ目を入れる。

② 大葉、みょうがはそれぞれ千切りにする。長ねぎは縦に切り込みを入れて芯を取り除き、千切りにする。

③ レタスは1cm幅の千切りにする。もやしはたっぷりのお湯で1分ほどゆでて、ザルにあげて水けをきる。

④ フライパンにごま油をひき、①を入れて中火で炒める。豚肉に半分ほど火が通ったらⒶを入れて、からめながら炒める。

⑤ 皿に③をしき、④を盛り、②をたっぷりのせる。豚肉でレタスともやしをはさみながら、お好みの薬味と合わせて食べる。

☑ 料理 & 栄養メモ　豚肉を炒めるときは、長く火を通してしまうとかたくなる原因になってしまうので、Ⓐのたれとからめたら、フライパンからすぐに取り出すようにしましょう。

いぶりがっこと味玉のポテサラ

203 kcal (1人あたり)

材料（2〜3人分）

- じゃがいも --- 3個（300g）
- いぶりがっこ（市販）--- 30g
- 味つけ卵（P.134参照）--- 1個
- かいわれ大根 --- 1/3パック
- 酢 --- 小さじ1
- A
  - 塩、粗挽き黒こしょう --- 各小さじ1/4
  - しょうゆ --- 小さじ1
  - マヨネーズ --- 大さじ3
- かつお節 --- 1パック（2g）

作り方

① じゃがいもは皮をむき、鍋に塩少々（分量外）を入れたたっぷりの水を用意して弱火でゆでる。竹串がすっと通るまでゆでたらザルにあげる。ゆで汁を捨てた鍋にじゃがいもを戻し入れ、中火にかけてかるくゆらす。粉ふきいも状態になったら火をとめて、熱いうちに酢を回しかける。ボウルに移し、木ベラなどでつぶす。

② いぶりがっこは5mm角に切る。味つけ卵は縦4等分に切り、横半分に切る。かいわれ大根は根元を切り、3cm幅に切る。

③ ①の粗熱がとれたら、①のボウルに②、Aを入れて和える。器に盛り、かつお節をふりかける。

☑ 料理＆栄養メモ　いぶりがっこは秋田名産の大根の燻製漬けです。スモーキーな味わいがいつものポテサラにアクセントをプラス。食感を残すように角切りにして具材感も楽しんで。

梅おかかディップの
スティック野菜サラダ

1人あたり
76 kcal

材料（2〜3人分）

カリカリ梅（市販）--- 4個
クリームチーズ --- 50g
かつお節 --- 1パック(2g)
しょうゆ --- 小さじ1/2
お好みの野菜
　（今回はミニトマト、
　黄パプリカ、にんじん、きゅうり、
　大根を使用）--- お好みの量

作り方

① カリカリ梅は種を取り除き、粗めのみじん切りにする。クリームチーズは常温に戻しておく。

② パプリカ、にんじん、きゅうり、大根はそれぞれ7cm長さの棒状に切る。

③ ボウルに①、かつお節、しょうゆを入れて混ぜ合わせる。

④ 皿に②の野菜とミニトマトを盛り、③を添える。お好みの野菜につけて食べる。

☑ 料理 & 栄養メモ　　クリームチーズの濃厚さと梅の酸っぱさがマッチした、野菜がモリモリ食べられちゃう特製ディップ！　食べごたえのあるカリカリ梅の食感はいろんな野菜と合います。

たたききゅうりとパクチーの
さっぱり塩サラダ

1人あたり 67 kcal

材料（2〜3人分）

きゅうり --- 2本 (200g)
パクチー --- 2株
Ⓐ
　にんにく --- 1片 (6g)
　赤とうがらし --- 1/2本
　塩昆布 --- 5g
　オイスターソース --- 小さじ2
　ごま油 --- 大さじ1
桜えび --- 大さじ2
すりごま（白）--- 小さじ1

作り方

① きゅうりはチャックつき保存袋に入れて、袋の上からめん棒などで、大きめのひびが入るようにたたく。袋から取り出し、食べやすい大きさに縦に切る。

② パクチーは2cm幅に切る。にんにくはすりおろし、赤とうがらしは種を取り除いて輪切りに、塩昆布ははさみなどで細かく切り、それぞれⒶの調味料と合わせておく。

③ ボウルに①、Ⓐを入れてよくもみ込み、②のパクチーを入れて和える。皿に盛り、桜えびをのせて、すりごまをふりかける。

☑ 料理＆栄養メモ　たたききゅうりとパクチーを和える際は、ドレッシング代わりになる漬け込み汁も一緒に和えましょう。夏の暑い日にぴったりな、あっさり味のサラダを楽しんで。

ゴーヤとキャベツの塩昆布サラダ

1人あたり 51 kcal

材料（2〜3人分）

ゴーヤ --- 1/2本（100g）
キャベツ --- 葉1枚
みょうが --- 1本
しょうが --- 1片（6g）
塩昆布 --- 5g
Ⓐ しょうゆ、ごま油 --- 各大さじ1/2
　米酢 --- 大さじ1
　いりごま（白）--- 小さじ2

作り方

① ゴーヤは縦半分に切り、種とワタをスプーンで取り除き、2mm幅に切ってボウルに入れる。塩小さじ1（分量外）をふってもみ込み、水でさっと洗って水けをきる。

② キャベツは5mm幅の千切りにしてボウルに入れ、塩少々（分量外）をふってもみ込み、水けをきる。みょうが、しょうがはそれぞれ千切りにする。

③ ボウルに①、②、塩昆布、Ⓐを入れてしっかり和える。

✓ 料理 & 栄養メモ　ゴーヤの苦み成分でもあるモモルデシンは、胃酸の分泌を助けて食欲増進に効果的な、夏バテ防止にぴったりの野菜です。キャベツやみょうがの旨みと一緒に味わって。

かぶと4種薬味の梅麹サラダ

1人あたり **47** kcal

材料（2～3人分）

かぶ（小）--- 4個（160g）
長ねぎ --- 30g
みょうが --- 2本
大葉 --- 4枚
しょうが --- 2片（12g）
梅麹ドレッシング
　（P.058参照）
　--- 大さじ2

作り方

① かぶはしっかりと水で洗って根元の土を取り除き、葉と根を分ける。葉はみじん切りにし、根は皮つきのまま縦8等分のくし切りにしてボウルに入れ、塩少々（分量外）をふってもみ込む。水けが出たら、ペーパータオルなどでふき取る。

② 長ねぎ、みょうがはそれぞれ2㎜幅の小口切りにする。大葉、しょうがはそれぞれみじん切りにする。

③ ボウルに①のかぶの葉、②を入れて和える。

④ 皿に①のかぶを盛り、③をのせて、梅麹ドレッシングをかける。

☑ 料理 & 栄養メモ

かぶの葉に含まれるカロテンは、体内でビタミンAに変化し免疫力を高めるので風邪予防に効果的。葉も捨てずに使い、4種薬味と合わせて食べましょう。

納豆とモロヘイヤの
ネバネバ春雨サラダ

1人あたり
79 kcal

材料（2〜3人分）

納豆 --- 1パック(50g)

モロヘイヤ --- 1束(80g)

オクラ --- 4本

みょうが --- 1本

たくあん漬け(市販) --- 10g

春雨(乾燥) --- 20g

すだち黒酢ドレッシング(P.059参照)
　--- 大さじ3

作り方

① 納豆は付属のたれと混ぜる。モロヘイヤ、オクラは、鍋に塩少々（分量外）を入れたっぷりのお湯を用意し、それぞれ1分ほどゆでてザルにあげ、しっかりと水けをきって包丁でたたく（オクラは粗めにたたく）。みょうがは千切りにする。たくあん漬けは5mm角に切る。

② 春雨はたっぷりのお湯で1〜2分ほどゆでて、ザルにあげる。

③ ボウルに①、②を入れて和え、すだち黒酢ドレッシングを回しかける。

☑ 料理＆栄養メモ　モロヘイヤのぬめり成分であるムチンは、胃腸や目などの粘膜を保護し、肝機能を高める働きがあります。包丁でたたいて細かくすると、粘りが出て春雨にからみます。

納豆とキャベツの昆布マヨサラダ

1人あたり
138 kcal

材料（2〜3人分）

納豆 --- 2パック(100g)

キャベツ --- 葉4枚

焼きのり(全形) --- 適量

Ⓐ にんにく --- 1/2片(3g)
　しょうゆ --- 小さじ1
　マヨネーズ --- 大さじ2

塩昆布 --- 5g

粉がつお(かつお節でも可) --- 小さじ1

作り方

① 納豆は付属のたれと混ぜる。キャベツは2mm幅の千切りにする。焼きのりは食べやすい大きさに手でちぎる。にんにくはすりおろして、Ⓐの調味料と合わせておく。

② ボウルに①の納豆、キャベツ、塩昆布、Ⓐを入れて和える。器に盛り、①の焼きのりを散らして、粉がつおをふりかける。

☑ 料理＆栄養メモ　ひきわりタイプの納豆にすれば、キャベツと一緒に食べてもサラダのなかで存在感が出ます。粒が細かく包丁でたたく必要もないので、洗い物も少なく済みます。

たけのこと厚揚げのしょうがサラダ

1人あたり **146** kcal

材料（2〜3人分）

たけのこ（水煮）--- 100g
厚揚げ --- 1枚（150g）
きゅうり --- 1/2本（50g）
サンチュ --- 葉4枚
しょうが --- 2片（12g）
しょうゆ --- 小さじ2
塩、粗挽き黒こしょう
　--- 各小さじ1/4
ポン酢 --- 大さじ1
糸とうがらし --- 適量
バター --- 20g

作り方

① たけのこは5cm長さのくし切りにする。厚揚げは1cm厚さに切る。きゅうりは縦半分に切り、斜め切りにする。サンチュは食べやすい大きさに手でちぎる。しょうがは2mm幅の薄切りにする。

② フライパンにバターを溶かし、①のしょうがを弱火で炒める。しょうがの香りがたってきたら、たけのこ、厚揚げを並べて、両面を中火でじっくりと焼く。しょうゆを回しかけて、塩と粗挽き黒こしょうで味つけする。

③ 皿に①のサンチュをしき、②を盛り、①のきゅうりをのせ、ポン酢をかけて糸とうがらしをのせる。

☑ **料理＆栄養メモ**　たけのこに含まれるカリウムは、塩分の排出を促し、高血圧予防が期待できます。しょうがの香りと、しょうゆのこんがりとした旨みが厚揚げに染み込んで絶品です。

セリと磯部ちくわのサラダ

176 kcal (1人あたり)

材料（2〜3人分）

- セリ --- 2束（100g）
- ちくわ（市販） --- 3本
- Ⓐ
  - 水 --- 大さじ3
  - 薄力粉 --- 大さじ3
  - 青のり --- 小さじ1
- しょうゆ --- 小さじ2
- いりごま（黒） --- 小さじ1
- しょうがドレッシング（P.058参照） --- 大さじ3
- バター --- 15g

作り方

① セリは葉を手でちぎり、茎は3cm幅に切る。

② ちくわは4cm幅の斜め切りにする。ボウルに混ぜ合わせたⒶを用意し、ちくわをくぐらせる。

③ フライパンにバターを溶かし、②に焼き色がつくまで中火で焼く。焼き色がついたら、しょうゆを回しかけて味つけする。

④ ボウルに①、③を入れて和える。皿に盛り、いりごまをふって、しょうがドレッシングをかける。

☑ 料理 & 栄養メモ　セリは歯触りがしっかりしており、噛むとシャキッと食感がおいしく、爽やかな独特の香りが楽しめます。さっぱりと食べられて、きりたんぽによく使われる野菜です。

アボカドとなめこの和風みそサラダ

1人あたり 102 kcal

材料（2〜3人分）

- アボカド --- 1個
- なめこ --- 1/2パック（約70g）
- えのき --- 1/2パック（50g）
- オクラ --- 4本
- サラダ菜 --- 葉5枚
- Ⓐ しょうゆ --- 小さじ1
  みそ、ねりごま（白） --- 各小さじ2
  米酢 --- 大さじ1
- 刻みのり --- 適量

作り方

① アボカドは皮をむいて種を取り除き、1.5cm角に切る。えのきは根元を切って1cm幅に切り、手でほぐしてなめこととともにたっぷりのお湯で1〜2分ほどゆでてザルにあげる。

② オクラは、鍋に塩少々（分量外）を入れたたっぷりのお湯を用意し、30秒〜1分ほどゆでてザルにあげ、5mm幅の輪切りにする。サラダ菜は食べやすい大きさに手でちぎる。

③ ボウルに①、②のオクラ、Ⓐを入れて和える。

④ 器に②のサラダ菜をしき③を盛り、刻みのりを散らす。

☑ 料理＆栄養メモ　アボカドのなめらかな舌触りと、なめこのとろっとした食感がおいしい和風サラダです。スプーンでかるく混ぜながら、濃厚な旨みを一緒に楽しんでください。

まいたけとじゃがいもの
ゆずマヨサラダ

1人あたり
121 kcal

材料（2〜3人分）

まいたけ - - - 1パック (50g)
じゃがいも - - - 2個 (200g)
カニカマ（市販）- - - 2本 (30g)
小ねぎ - - - 1本
A｜しょうゆ - - - 小さじ1
　｜豆乳（無調整）- - - 大さじ1
　｜マヨネーズ - - - 大さじ2
　｜ゆずこしょう - - - 小さじ1/3

作り方

① まいたけは軸を切り、食べやすい大きさに手で小房に分け、たっぷりのお湯で1分ほどゆでて水けをきる。じゃがいもは皮をむき、鍋に塩少々（分量外）を入れたたっぷりの水を用意して弱火でゆでる。竹串がすっと通るまでゆでたら、ザルにあげて縦1/4等分のくし切りにする。

② カニカマは食べやすい大きさに手でほぐす。小ねぎは小口切りにする。

③ ボウルに①、②のカニカマ、Ⓐを入れて和える。器に盛り、②の小ねぎを散らす。

☑ 料理&栄養メモ　ゆずこしょうのピリッとしたパンチのある辛さがやみつきになるサラダです。メーカーによって辛さが異なるので、辛いのが苦手な方は量を少し抑えて調整を◎。

107

枝豆とひじきの梅肉サラダ

1人あたり 126 kcal

材料（2〜3人分）

枝豆（むき身）･･･50g
芽ひじき（乾燥）･･･5g
にんじん･･･1/3本（50g）
しめじ･･･1/2パック（50g）
みつば･･･1束（30g）
梅干し･･･2個
Ａ ┌ オイルサーディン･･･1/2缶（50g）
　├ オイスターソース･･･小さじ2
　└ ごま油･･･小さじ2

作り方

① 枝豆はたっぷりのお湯で3〜4分ほどゆで、ザルにあげて水けをきる。さやから実を取り出し、薄皮をむく。芽ひじきはお湯に10分ほど浸し、ザルにあげて水けをきる。

② にんじんは2mm幅の千切りにする。しめじは石づきを切って小房に分け、たっぷりのお湯で1分ほどゆでたら、ザルにあげて水けをきる。みつばは2cm幅に切る。梅干しは種を取り除き、みじん切りにする。

③ ボウルに①、②、Ａを入れて、オイルサーディンの形が残る程度に和える。

✓ 料理＆栄養メモ　枝豆の薄皮は、つるんとむくことで口触りがよくなります。市販の冷凍枝豆を使用してもOKです。梅肉の酸っぱさと食感を残したオイルサーディンがアクセントに！

クレソンと春菊の和風サラダ

1人あたり 48 kcal

材料（2〜3人分）

クレソン --- 1束（50g）
春菊 --- 1束（50g）
しょうが --- 5片（30g）
甘辛ごまドレッシング（P.060参照）
　--- 大さじ1〜2
サラダ油 --- 適量

作り方

① クレソン、春菊はそれぞれ3cm幅に切る。しょうがは千切りにする。

② フライパンに2cm深さほどのサラダ油を入れて、160℃に温める。①のしょうがを3〜4分ほど揚げて、ペーパータオルをしいたバットにあげて余分な油をきる。

③ 皿に①のクレソン、春菊を盛り、②を散らす。小皿に取り、甘辛ごまドレッシングをかけて食べる。

☑ 料理 & 栄養メモ　クレソンと春菊というクセのある野菜の組み合わせですが、甘辛ごまドレッシングをかけることで一気に味がまとまり、つい箸が進んじゃうやみつきサラダです。

Column 2.

おいしさを保つ

野菜の保存方法

サラダの野菜は、なんといっても鮮度が命！
最後までおいしく食べるために、保存のコツを覚えましょう。

① 葉野菜を氷水にさらし、しっかりと水けをきる

 →

葉野菜を保存する場合は、大きめにちぎったり切ったりしたあとに、氷水に3〜5分ほどさらします。水けをきって、ペーパータオルで拭き取ったり、サラダスピナー（野菜水きり器）などを使うと便利です。

② 保存容器に湿ったペーパータオルをしき、葉野菜をのせる

 →

保存容器に湿ったペーパータオルをしき、葉野菜をのせます。ペーパータオルを湿らせるときは、水を手ですくって濡らしたり、霧吹きを使ったりすると◎。濡らしすぎてしまったら、しっかりしぼりましょう。

③ 湿ったペーパータオルをかぶせて、保存容器のフタをする

 →

湿ったペーパータオルを葉野菜全体が隠れるようにかぶせて、保存容器にフタをします。2〜3日間ほど、おいしい状態で食べることができます。ペーパータオルは1日1回交換するのが衛生的におすすめです。

いろいろな野菜の保存方法

野菜を使い切れなかったときのための、無駄にしない保存方法を紹介します。

にんじん

乾燥しやすいため、しっかりとラップで包み、チャックつき保存袋に入れる。冷蔵、冷凍保存可。

冷蔵保存：2～3日間
冷凍保存：約1カ月

玉ねぎ

薄切りにしてラップし、チャックつき保存袋へ。冷凍は600Wで3分加熱し、粗熱をとり同様に。

冷蔵保存：1～2週間
冷凍保存：約1カ月

きゅうり

あまったきゅうりはラップで包んでチャックつき保存袋へ。2～3日以内に使い切るのがおすすめ。

冷蔵保存：2～3日間
冷凍保存：×

きのこ類

石づきを切り落としてチャックつき保存袋へ。自然解凍や冷凍のまま、炒め物やスープの具に使用可。

冷蔵保存：約1週間
冷凍保存：約1カ月

小ねぎ

小口切りにしてチャックつき保存袋に入れる。使う際は使用する分だけ取り出すようにするとよい。

冷蔵保存：1週間
冷凍保存：約1カ月

ブロッコリー

小房に分け、固めにゆでてからしっかりと粗熱をとり、チャックつき保存袋に入れて保存する。

冷蔵保存：4～5日間
冷凍保存：約1カ月

ミニトマト

ヘタは取らずに、ヘタの部分が少し水面に出るくらいの水に浸して冷蔵庫で冷やす。冷蔵保存のみ可。

冷蔵保存：6～7日間
冷凍保存：×

大葉

コップなどの容器に1cm高さほど水をはり、大葉の根元を浸して、ふんわりとラップをして保存する。

冷蔵保存：1～2週間
冷凍保存：×

アボカド

空気にふれると傷むため、種つきを保存用にし、切り口にレモン汁をかけてラップを密着させる。

冷蔵保存：2～3日間
冷凍保存：×

※ 冷凍保存した野菜は、スープや鍋料理、炒め物などに使用できます。
※ 保存日数はあくまでも目安です。季節や保存環境に合わせて、野菜の様子を見ながらなるべく早めに使いきりましょう。

3章　エスニックサラダ

トムヤムクン風柑橘サラダ

1人あたり 113 kcal

材料（2〜3人分）

- えび（無頭・殻なし）---6尾
- パクチー---3株
- ヤングコーン---3本
- オクラ---3本
- ミニトマト---3個
- ライム---1/4個
- A
  - 水---大さじ2
  - トムヤムクンペースト（市販）---大さじ1と1/2
- オリーブオイル---小さじ2

作り方

① えびは塩水で洗い、竹串で背ワタを取る。パクチーは3cm幅に切る。ヤングコーン、オクラはそれぞれ5mm幅の斜め切りにする。ミニトマトはヘタを取る。ライムは2mm幅の輪切りにし、さらに4等分にする。

② フライパンにオリーブオイルをひき、①のえびを中火で炒める。えびの表面に焼き色がついたら、ヤングコーン、オクラを入れてさっと炒め、Aを加えて味つけする。

③ ボウルに①のミニトマト、②を入れて和え、皿に盛って①のライムを散らす。

☑ **料理 & 栄養メモ**
エスニック料理の代表であるトムヤムクンスープを参考に、酸みと辛さがクセになるサラダにしました。柑橘が入ることで、さっぱり味に！

本格的な味わいを残しつつも野菜のやさしさに包まれた、具だくさんで元気なサラダです。エスニック特有のナンプラーや柑橘類、スパイスの風味を思う存分楽しんで！

ケイジャンチキンサラダ

1人あたり **237** kcal

材料（2〜3人分）

鶏もも肉 --- 1枚 (250g)
パプリカ(赤、黄) --- 各1/2個
紫玉ねぎ --- 1/6個 (約25g)
グリーンカール --- 葉4枚
塩 --- 小さじ1/4

Ⓐ
- 玉ねぎ --- 1/4個 (50g)
- クミンパウダー --- 小さじ1/2
- ガーリックパウダー --- 小さじ1/2
- チリパウダー --- 小さじ1
- パプリカパウダー --- 小さじ1

作り方

① 鶏肉は一口大に切り、塩を全体にもみ込む。玉ねぎはすりおろし、Ⓐの調味料と合わせておく。チャックつき保存袋に鶏肉とⒶを入れてもみ込み、冷蔵庫で1時間以上漬ける。オーブンは200℃に予熱しておく。

② パプリカはヘタを切り、種を取り除く。紫玉ねぎは2mm幅の薄切りにし、水をはったボウルに5分ほどさらして水けをきる。グリーンカールは食べやすい大きさに手でちぎる。

③ オーブンシートをしいた天板に①、②のパプリカを並べ、表面にオリーブオイル(分量外)を薄く塗る。20〜25分焼いたらやけどに注意しながら取り出し、パプリカは食べやすい大きさに切る。

④ 皿に②のグリーンカール、③をのせ、②の紫玉ねぎを散らす。

☑ 料理＆栄養メモ　ケイジャンチキンのポイントは、なんといってもジューシー＆スパイシーな味。4種類のスパイスを組み合わせているので香り高く、野菜のあっさり感と相性抜群です。

ヤングコーンと鶏肉のクミンサラダ

1人あたり 222 kcal

材料（2〜3人分）

- 鶏むね肉 --- 1枚（250g）
- ヤングコーン --- 6本
- じゃがいも --- 1個（100g）
- フリルレタス --- 葉4枚
- 塩、粗挽き黒こしょう --- 各小さじ1/4
- クミンシード --- 小さじ1
- クミンカレードレッシング（P.056参照）--- 大さじ1
- バター --- 15g

作り方

① 鶏肉は表面にフォークで数カ所穴をあけて、塩と粗挽き黒こしょうをもみ込む。魚焼きグリルを熱し、中火の状態で鶏肉を片面6〜7分ずつ焼く。すぐに取り出さず、そのままグリルの余熱で5分ほど蒸らし、そぎ切りにする。

② ヤングコーンは1cm幅の輪切りにする。じゃがいもは皮をむき、鍋に塩少々（分量外）を入れたたっぷりの水を用意して弱火でゆでる。竹串がすっと通るまでゆでたら、ザルにあげて8等分のくし切りにする。フリルレタスは食べやすい大きさに手でちぎる。

③ フライパンにバターを溶かし、クミンシードを弱火で炒める。クミンの粒のまわりがフツフツと泡立ち、香りがたってきたら、②のヤングコーン、じゃがいもを入れて中火で炒める。

④ 皿に②のフリルレタスをしき、①、③を盛りつけてクミンカレードレッシングをかける。

✓ 料理＆栄養メモ　鶏むね肉を魚焼きグリルでじっくりと焼き、しっとりふわふわの食感に仕上げました。余熱でも火の通りが甘い場合は、さらに2分ほど焼いて様子を見てください。

クレソンと牛肉のヤムヌアサラダ

1人あたり
148
kcal

材料（2〜3人分）

牛ロース肉（しゃぶしゃぶ用）
　・・・100g
クレソン・・・1束（50g）
きゅうり・・・1/2本（50g）
紫玉ねぎ・・・1/6個（約25g）
ナッツ・・・大さじ1（10g）
エスニックドレッシング
　（P.056参照）・・・大さじ2

作り方

① 鍋にたっぷりのお湯を沸かし、牛肉をゆでる。氷水をはったボウルで冷やし、ザルにあげて水けをきる。
② クレソンは3cm幅に切る。きゅうりは縦半分に切って、斜め切りにする。紫玉ねぎは2mm幅の薄切りにし、水をはったボウルに5分ほどさらして水けをきる。ナッツは粗めにくだく。
③ ボウルに①、②、エスニックドレッシングを入れ、よく和える。

☑ 料理＆栄養メモ　ヤムヌアとは、「牛肉の和えサラダ」という意味のタイ料理です。ナッツを入れることでポリポリとした食感が感じられて、最後まで飽きずに楽しめるサラダです。

水菜の生ハム巻き

1人あたり
61
kcal

材料（2〜3人分）

水菜・・・1束（50g）
生ハム・・・6枚
ナッツ・・・5粒
パルメザンチーズ（粉末）・・・小さじ1
グリーンカレードレッシング
　（P.061参照）・・・大さじ1

作り方

① 水菜は10cm幅に切って6等分にし、それぞれ生ハムでしっかりと巻く。ナッツは細かくくだく。
② ①の生ハム巻きを皿に並べ、グリーンカレードレッシングをかける。①のナッツを散らし、パルメザンチーズをふりかける。

☑ 料理＆栄養メモ　長めに切った水菜を、生ハムでくるっと巻いて作る簡単サラダ！　見た目も美しく、一口サイズで食べやすいため、おもてなしや突然の来客時にも大活躍！

青パパイヤのソムタムサラダ

1人あたり **87** kcal

材料（2〜3人分）

青パパイヤ --- 1/2個 (250g)
パクチー --- 1株
ミニトマト --- 4個
干しえび --- 大さじ1 (6g)
ナッツ --- 大さじ1 (10g)

Ⓐ
- にんにく --- 1片 (6g)
- 砂糖 --- 小さじ2
- スイートチリソース（市販） --- 大さじ1
- ナンプラー --- 大さじ1と1/2
- レモン汁 --- 大さじ2

作り方

① 青パパイヤは種を取り除き、ピーラーで皮をむいて千切りにする。パクチーは2cm幅に切る。ミニトマトは縦4等分に切る。干しえびはぬるま湯に15分ほど浸して水けをきり、みじん切りにする。

② ナッツは粗めにくだく。にんにくは極みじん切りにし、Ⓐの調味料と合わせておく。

③ ボウルに①、②のナッツ、Ⓐをすべて入れて和える。ラップをして、冷蔵庫で20分以上漬ける。

✓ 料理 & 栄養メモ　タイのイサーン地方の「青パパイヤサラダ」であるソムタムは、現地では激辛の味つけですが、今回はスイートチリソースを使って食べやすくアレンジしました。

パクチーラムサラダ

1人あたり **175** kcal

材料（2〜3人分）

- ラム肉（薄切り）--- 150g
- パクチー --- 3株
- ニラ --- 1/2束（50g）
- にんにく --- 1片（6g）
- 松の実 --- 大さじ1（8g）
- 塩、粗挽き黒こしょう --- 各少々
- Ⓐ しょうゆ --- 小さじ2
  紹興酒（酒でも可）--- 大さじ1
  ナンプラー --- 小さじ1
- チリパウダー --- 小さじ1
- ごま油 --- 大さじ1

作り方

① ラム肉は塩と粗挽き黒こしょうをもみ込む。パクチー、ニラはそれぞれ3cm幅に切る。にんにくはみじん切りにする。松の実は粗めにくだく。

② フライパンにごま油をひき、①のにんにくを弱火で炒める。にんにくの香りがたってきたら、ラム肉を入れて中火で炒める。ラム肉に半分ほど火が通ったら、①のニラ、松の実、Ⓐを入れて和えながら炒める。

③ ②が温かいうちにボウルに移し、①のパクチーを入れて和える。皿に盛り、チリパウダーをふりかける。

☑ 料理 & 栄養メモ　パクチーには、肌の調子をととのえるカロテンやビタミンCなどが含まれています。クセのある食材との相性がいいので、ラム肉ともおいしく食べられます。

たけのこと厚切りポークの
オリエンタルサラダ

1人あたり
255
kcal

材料（2〜3人分）

豚ロース肉（とんかつ用）･･･1枚(250g)
たけのこ（水煮）･･･100g
豆苗･･･1パック(100g)
にんにく、しょうが･･･各1片(各6g)
バター･･･15g
ナンプラー･･･大さじ1
かつお節･･･1/2パック(1g)
チリパウダー･･･適量
ごま油･･･小さじ2

作り方

① 豚肉は常温に戻して、1cm厚さに切る。たけのこは4cm長さのくし切りにする。豆苗はヘタを切る。にんにく、しょうがはそれぞれみじん切りにする。

② フライパンにごま油をひき、①のにんにく、しょうがを弱火で炒める。にんにくの香りがたってきたら、豚肉、たけのこを入れて表面に焼き色がつくまで中火で炒める。豚肉に火が通ったら①の豆苗、バター、ナンプラーを入れて30秒ほどさっと炒める。

③ 皿に②を盛り、かつお節、チリパウダーをふりかける。

✓ 料理 & 栄養メモ　かつお節とチリパウダーというめずらしい組み合わせですが、かつお節の旨みとチリパウダーのスパイシーな風味が、一体感を生み出し、新しい味になっています。

具だくさん
ガパオサラダ

1人あたり **223** kcal

材料（2〜3人分）

- 鶏ひき肉･･･200g
- レタス･･･1/2玉
- 紫玉ねぎ･･･1/6個（約25g）
- パプリカ（赤）･･･1/2個
- にんにく･･･1片（6g）
- 赤とうがらし･･･1本
- バジル（葉）･･･4枚

Ⓐ
- しょうゆ･･･小さじ1
- はちみつ･･･小さじ2
- ナンプラー･･･大さじ1
- オイスターソース･･･大さじ1

- 温泉卵（P.134参照）･･･1個
- ごま油･･･小さじ2

作り方

① レタスは食べやすい大きさに手でちぎる。紫玉ねぎは薄切りにし、水をはったボウルに5分ほどさらして水けをきる。パプリカは5mm角に切る。にんにくはみじん切りにする。赤とうがらしは種を取り除き、輪切りにする。

② フライパンにごま油をひき、①のにんにくを弱火で炒める。にんにくの香りがたってきたら、鶏肉、①のパプリカ、赤とうがらしを入れて、鶏肉がそぼろ状になるようにヘラなどで中火で炒める。鶏肉に半分ほど火が通ったら、Ⓐを加えて味つけする。

③ 皿に①のレタスをしき、②を盛って①の紫玉ねぎを散らす。バジルを添えてトッピングの温泉卵をのせる。温泉卵をくずして②とからめながら、レタスや紫玉ねぎとともに食べる。

✓ 料理＆栄養メモ　レタスをたっぷり使って、タイ料理で有名なガパオ（鶏のバジル炒め）をサラダにアレンジしました。野菜と一緒に食べるのでヘルシーです。

インドネシア風ガドガドサラダ

1人あたり 327 kcal

材料（2〜3人分）

アボカド・・・1個
トマト・・・1個（100g）
もやし・・・1/2パック（100g）
厚揚げ・・・1枚（180g）
ゆで卵（P.046参照）・・・1個
Ⓐ ┌ しょうゆ・・・小さじ1
　├ 水・・・小さじ2
　├ レモン汁・・・大さじ1
　├ ピーナッツバター・・・大さじ3
　└ ごま油・・・小さじ2
オニオンフライ（P.133参照）・・・適量

作り方

① アボカドは皮をむいて種を取り除き、縦4等分にする。トマトは4等分のくし切りにする。もやしは、鍋に塩少々（分量外）を入れたたっぷりのお湯を用意し、30秒〜1分ほどゆでてザルにあげる。

② 厚揚げは1.5cm厚さに切り、表面にうっすらと焼き色がつくまで、1000Wのオーブントースターで6〜7分ほど焼く。

③ ゆで卵はP.046を参考にして固ゆでし、縦4等分に切る。

④ 皿に①、②、③を具材ごとにまとめて盛り、トッピングのオニオンフライを散らす。ボウルで混ぜ合わせたⒶをかけて食べる。

✓ 料理＆栄養メモ　ガドガドとは、インドネシアで「ごちゃ混ぜ」という意味です。盛りだくさんの野菜や卵、カリッと焼いた厚揚げにソースをかけたら、全体をよく混ぜて召し上がれ。

レタスと台湾風そぼろのサラダ

1人あたり **237** kcal

材料（2～3人分）

- 豚ひき肉 --- 200g
- レタス --- 1/2玉
- しいたけ --- 2枚
- 小ねぎ --- 1本
- 玉ねぎ --- 1/4個（50g）
- にんにく、しょうが --- 各1片（各6g）
- Ⓐ
  - 砂糖 --- 大さじ1
  - しょうゆ --- 大さじ1と1/2
  - 紹興酒（酒でも可）--- 大さじ1
  - オイスターソース --- 小さじ2
  - 八角 --- 1個
- 五香粉 --- 適量
- ごま油 --- 小さじ2

作り方

① レタスは手で半分にちぎる。しいたけは軸を切り、みじん切りにする。小ねぎは小口切りにする。玉ねぎ、にんにく、しょうがはそれぞれみじん切りにする。

② フライパンにごま油をひき、①のにんにく、しょうがを弱火で炒める。にんにくの香りがたってきたら玉ねぎを入れて中火で炒める。玉ねぎがしんなりとしてきたら豚肉、①のしいたけを入れる。豚肉に半分ほど火が通ったら、Ⓐを加えて汁けがなくなるまで炒める。

③ 皿に①のレタスをのせ、②を盛る。①の小ねぎをふり、五香粉をふりかける。

☑ 料理 & 栄養メモ
中華料理によく取り入れられる「五香粉」とは、シナモン、クローブ、八角などを混ぜたスパイスです。料理の香りづけや、肉の臭み消しなどに使われます。

スイートチリチキンのエスニックサラダ

1人あたり 253 kcal

材料（2～3人分）

鶏もも肉 --- 1枚（250g）
パクチー --- 1株
まいたけ --- 1パック（100g）
サニーレタス --- 葉3枚
塩、粗挽き黒こしょう
　--- 各小さじ1/4
Ⓐ しょうゆ --- 大さじ2
　酒 --- 大さじ1
　みりん --- 大さじ1と1/2
スイートチリソース（市販）
　--- 大さじ2
オリーブオイル --- 小さじ2

作り方

① 鶏肉は表面にフォークで数カ所穴をあけて、塩と粗挽き黒こしょうをもみ込む。パクチーは3cm幅に切る。まいたけは軸を切り、手で大きめに裂く。サニーレタスは食べやすい大きさに手でちぎる。

② フライパンにオリーブオイルをひき、①の鶏肉の皮面を下にして、皮がカリッとするまで5～6分ほど中火で焼く。ひっくり返して余分な油をペーパータオルでふき取り、フタをして3～4分ほど弱火で蒸し焼きにする。Ⓐを加えてたれとからめながら焼き、さらにスイートチリソースを加えて2分ほど焼いたら取り出す。やけどに注意しながら、1cm厚さに切る。

③ 魚焼きグリルを熱し、中火の状態で①のまいたけを4～5分ほど焼く（オーブントースターの場合は1000Wで8～10分焼く）。皿に①のサニーレタスをひき、②、まいたけ、①のパクチーを盛る。

☑ 料理＆栄養メモ　甘辛だれにからめたチキンと、たっぷり野菜のサラダです。まいたけはβ-グルカンが豊富で、がん予防や血圧・コレステロール値を下げる効果が期待できます。

オクラとサラダチキンの
ピーナッツバターサラダ

1人あたり 229 kcal

材料（2〜3人分）

オクラ --- 6本
サラダチキン（P.134参照）--- 1枚分
ピーナッツ --- 6粒
ベビーリーフ --- 20g

Ⓐ
- しょうが --- 1片（6g）
- ピーナッツバター --- 大さじ2
- クミンパウダー --- 小さじ1/2
- すりごま（白）--- 大さじ1
- 酢 --- 小さじ2
- ごま油 --- 小さじ2

作り方

① オクラは塩少々（分量外）をふりかけてまな板にこすりつけ、産毛が取れたら水洗いをする。鍋に塩少々（分量外）を入れたたっぷりのお湯を用意し、1〜2分ほどゆでて、ザルにあげて斜め切りにする。

② サラダチキンは一口大に切る。ピーナッツは細かくくだく。しょうがはみじん切りにしてⒶの調味料と合わせておく。

③ ボウルに①、②、Ⓐを入れて和え、器にベビーリーフをしいて盛る。

✓ 料理＆栄養メモ　ピーナッツバターは食パンに塗ることが多いですが、すりごまとの相性がよく、たれとしてもアレンジが可能。濃厚だれなので、ささみなど淡白なお肉と合わせて。

グリーンカレーそぼろのヤムウンセン

1人あたり 172 kcal

材料（2〜3人分）

- えび（無頭・殻なし）--- 4尾
- 豚ひき肉 --- 50g
- きゅうり --- 1/2本（50g）
- セロリ --- 1/3本（約30g）
- 紫玉ねぎ --- 1/4個（50g）
- 春雨（乾燥）--- 40g
- Ⓐ
  - グリーンカレーペースト（市販）--- 小さじ1
  - ココナッツミルク --- 大さじ3
- Ⓑ
  - 赤とうがらし --- 1本
  - 砂糖 --- 小さじ1
  - ナンプラー --- 大さじ2
  - レモン汁 --- 大さじ1
- 粗挽き黒こしょう --- 少々
- スペアミント（葉）--- 10枚
- ごま油 --- 小さじ2

作り方

① えびは背ワタを取り、片栗粉大さじ1（分量外）をふりかけてもみ込み、水で洗ってペーパータオルで水けをふく。鍋に1ℓのお湯を沸かして酒大さじ2（分量外）を加え、えびを入れてふたをし、火をとめる。粗熱がとれるまで、そのまま冷ます。

② きゅうり、セロリはそれぞれ2mm幅の千切りにする。紫玉ねぎは薄切りにし、水をはったボウルに5分ほどさらして水けをきる。赤とうがらしは種を取り除いてⒷの調味料と合わせておく。

③ 春雨はたっぷりのお湯で表示時間通りにゆでて、ザルにあげて水けをきり、4cm幅に切る。

④ フライパンにごま油をひき、豚肉がそぼろ状になるようにヘラなどで中火で炒める。豚肉の表面が白っぽくなってきたらⒶを加え、全体を和えながら炒める。

⑤ ボウルに①、②、③、④、Ⓑを入れてよく和える。器に盛り、粗挽き黒こしょうをかけてスペアミントを添える。

✓ 料理 & 栄養メモ　タイでは定番のヤムウンセン（タイ風春雨サラダ）。清涼感のあるスペアミントで夏の食欲減退も回避！　グリーンカレー風味のそぼろと野菜のハーモニーを楽しんで。

ムーマナオ

1人あたり **85** kcal

材料（2〜3人分）

豚ロース肉（しゃぶしゃぶ用） --- 100g
セロリ --- 1本（100g）
赤とうがらし --- 1本
スペアミント（葉） --- 3g
エスニックドレッシング（P.056参照） --- 大さじ1〜2

作り方

① 豚肉はたっぷりのお湯でゆでて、氷水をはったボウルで冷やし、ザルにあげる。

② セロリは茎の筋を切って2mm幅の斜め切りにする。葉は2cm幅に切り、水をはったボウルに3分ほどさらして水けをきる。赤とうがらしは種を取り除き、輪切りにする。

③ ボウルに①、②、エスニックドレッシングを入れて和える。皿に盛り、スペアミントを添える。

☑ 料理 & 栄養メモ　ムーマナオとは、タイのさっぱりとした豚しゃぶサラダのことです。セロリは、葉の部分にβ-カロテンが茎の2倍ほど含まれています。葉も余さず食べましょう。

サーモンとマンゴーのヤムサラダ

1人あたり **65** kcal

材料（2〜3人分）

スモークサーモン --- 6枚
マンゴー --- 100g
パクチー --- 2株
レモングラス（生） --- 1本
スイートチリライムドレッシング（P.061参照） --- 大さじ1

作り方

① マンゴーは皮をむいて2cm角に切る。パクチーは3cm幅に切る。レモングラスは外皮をはがし、茎の部分をみじん切りにして、水をはったボウルに5分ほどさらして水けをきる。

② ボウルにスモークサーモン、①、スイートチリライムドレッシングを入れて和える。

☑ 料理 & 栄養メモ　レモングラスを生で食べるときは、一度水にさらすと口触りがよくなります。冷凍してあるマンゴーを使用する場合は、半解凍状態にしてからがおすすめです。

ディルとあじのベトナム風サラダ

1人あたり 79 kcal

材料（2〜3人分）

あじ（干物）--- 1枚（約70g）
ディル --- 4枝
きゅうり --- 1本（100g）
にんじん --- 1/3本（50g）
小ねぎ --- 4本
しょうが --- 1片（6g）
いりごま（白）--- 小さじ2
エスニックドレッシング（P.056参照）
　--- 大さじ2

作り方

① 魚焼きグリルを熱し、中火の状態であじの皮面が下になるように入れる。5分ほど焼いたらひっくり返して、さらに5分ほど焼いて骨と皮を取り除く。

② ディルは茎から葉をもぐ。きゅうり、にんじんはそれぞれ千切りにする。小ねぎは4cm幅に切る。しょうがはみじん切りにする。

③ ボウルに①、②のきゅうり、にんじん、小ねぎ、しょうが、エスニックドレッシングを入れて和える。皿に盛り、いりごまをふりかけて、②のディルをのせる。

☑ 料理 & 栄養メモ　たっぷり盛ったディルの爽やかさが、あじの生臭さを解消してくれます。食べる際は、あじ、野菜、ディルがよくからむように全体を混ぜてから食べるとおいしいです。

129

揚げさばのトルコ風サラダ

1人あたり 151 kcal

材料（2〜3人分）

- さば（切り身）--- 1枚
- なす --- 2本
- トマト --- 1個（100g）
- フリルレタス --- 葉3枚
- 塩、粗挽き黒こしょう --- 各少々
- 片栗粉 --- 適量
- レモン（1/6のくし切り）--- 適量
- 濃厚パクチードレッシング
  （P.061参照）--- 大さじ1
- サラダ油 --- 適量

作り方

① さばは塩をふって10分ほどおき、ペーパータオルで水気をふく。粗挽き黒こしょうをふりかけて、片栗粉を全体にまぶす。

② なすはヘタを切って縦4等分に切り、表面に細かく切れ目を入れる。トマトは1cm厚さの輪切りにする。フリルレタスは食べやすい大きさに手でちぎる。

③ 深めのフライパンにサラダ油を3cm深さほど入れて、180℃に温める。①のさばを3〜4分ほど揚げて、②のなすも同様に素揚げする。ペーパータオルをしいたバットにあげて余分な油をきる。

④ 皿に②のフリルレタスをしき、トマト、③を盛り、濃厚パクチードレッシングをかけてレモンをしぼる。

☑ 料理＆栄養メモ　トルコ名物のサバサンドをイメージし、たっぷり野菜と組み合わせて見た目にも華やかなサラダにアレンジしました。濃厚なパクチードレッシングの風味とよく合います。

ツナドライカレーのレタス巻き

1人あたり 144 kcal

材料（2〜3人分）

- ツナ缶（水煮）--- 1缶（約75g）
- レタス --- 葉6枚
- 玉ねぎ --- 1/4個（50g）
- ピーマン --- 1個
- ベーコン（ブロック）--- 50g
- Ⓐ
  - カレー粉 --- 小さじ2
  - ケチャップ --- 大さじ2
  - ウスターソース --- 小さじ2
  - オイスターソース --- 小さじ1
- オリーブオイル --- 小さじ2

作り方

① ツナはしっかりと水けをきる。レタスは1枚ずつはがす。玉ねぎ、ピーマン、ベーコンはそれぞれ粗めのみじん切りにする。

② フライパンにオリーブオイルをひき、①の玉ねぎを中火で炒める。玉ねぎがしんなりとしてきたら、ツナ、ベーコンを入れて炒める。ベーコンの表面に焼き色がついてきたら、①のピーマン、Ⓐを入れて和えながら炒める。

③ 器に②を盛り、①のレタスにのせて包んで食べる。

✅ 料理&栄養メモ　ドライカレーの味の決め手となるガラムマサラは、4〜10種類のスパイスを混ぜて作るインド代表のミックススパイスです。ツナが入るのでマイルドに仕上がります。

Column 3.

サラダをおいしくする

10のトッピング

入れるだけで味のアクセントになる簡単レシピです。
トッピングで食感を出し、サラダをもっと楽しみましょう！

01: ガーリッククルトン

材料（バゲット8cm分）
バゲット --- 8cm
パセリ（乾燥）--- 適量
Ⓐ にんにく --- 2片（12g）
　 オリーブオイル --- 大さじ1
　 バター --- 15g

作り方
① バゲットを2cm幅の4等分に切る。にんにくはすりおろし、Ⓐの調味料と合わせておく（バターは常温に戻す）。
② バゲットの表面にⒶをたっぷり塗り、パセリをまぶす。1000Wのオーブントースターで4〜5分ほど焼き、食べやすい大きさにくだく。

02: じゃこふりかけ

材料（作りやすい分量）
ちりめんじゃこ --- 20g
かつお節 --- 1パック（2g）
いりごま（白）--- 大さじ2
Ⓐ しょうゆ --- 大さじ1
　 酒 --- 大さじ2
　 みりん --- 大さじ1
ごま油 --- 大さじ1

作り方
① フライパンにごま油をひき、ちりめんじゃこを弱火で炒める。
② ちりめんじゃこの表面に焼き色がついたら、かつお節、いりごま、Ⓐを加えて、汁けがなくなるまで炒める。

03: ふりかけベーコン

材料（作りやすい分量）
ベーコン（ブロック）--- 100g
粗挽き黒こしょう --- 小さじ1/4

作り方
① ベーコンはみじん切りにする。
② フライパンで①をじっくり炒める（サラダ油はひかなくてよい）。焼き色がついたら粗挽き黒こしょうをふり、全体を炒める。キッチンペーパーに広げ、油をきる。

04: オニオンフライ

材料（作りやすい分量）
玉ねぎ --- 1/2個（100g）　サラダ油 --- 適量
薄力粉 --- 大さじ1

作り方
① 玉ねぎは約1.5mm幅の薄切りにし、ペーパータオルで水けをとって薄力粉をまぶす。
② フライパンに2cm深さのサラダ油を入れて、160℃に温める。①を3〜4分ほど揚げて、油をきる。

05: カリカリチーズワンタン

材料（作りやすい分量）
ワンタンの皮（市販）--- 4枚
マヨネーズ --- 大さじ1
ピザ用チーズ --- 10g

作り方
① ワンタンの皮にマヨネーズを塗り、ピザ用チーズをのせる。
② 1000Wのオーブントースターで3〜4分ほど、カリカリになるまで焼く。やけどに注意しながら取り出し、食べやすい大きさに切る。

06 : サラダチキン

材料（1枚分）
鶏むね肉 - - - 1枚（250g）
砂糖、 塩 - - - 各小さじ1
水 - - - 800㎖

作り方
① 鶏肉は皮をはぎ、砂糖と塩をすり込んでチャックつき保存袋に入れ、冷蔵庫で20分以上漬ける。
② 小鍋に水を入れて沸騰寸前で火をとめ、①を入れてフタをし粗熱がとれるまで30〜40分冷ます。

07 : 味つけ卵

材料（6個分）
卵 - - - 6個　　　めんつゆ（三倍濃縮）
砂糖 - - - 小さじ2　　- - - 50㎖
水 - - - 150㎖

作り方
① 卵は常温に戻す。鍋に卵が浸かるくらいのお湯を沸かし、塩少々（分量外）を入れて卵をやさしく入れる。
② 6分ほど温めたら氷水にあげて、4分ほど一気に冷まして殻をむく。
③ チャックつき保存袋に②、砂糖、水、めんつゆを入れ、冷蔵庫で一晩漬ける。

08 : 温泉卵

材料（2個分）
卵 - - - 2個
水 - - - 200㎖

作り方
① 卵は常温に戻す。鍋に1ℓほどのお湯を沸かし、沸騰したら火をとめて水を入れる。
② ①の卵をやさしく入れてフタをし、約15分温めて取り出す。

09 : 花椒えび

材料（作りやすい分量）
桜えび - - - 10g　　　ごま油 - - - 大さじ1
花椒 - - - 小さじ1/3

作り方
① フライパンにごま油をひき、桜えびを弱火で炒める。
② 桜えびに焼き色がついたら花椒をふりかけて全体を炒める。

10 : ハニーレモンマリネ

材料（作りやすい分量）
レモン - - - 1個
はちみつ - - - 100g

作り方
① レモンは2㎜幅の薄切りにし、竹串などで種を取り除く。
② 清潔な容器に①、はちみつを入れて冷蔵庫で一晩冷やす。

トッピングの楽しみ方。

サラダチキンや味つけ卵など、大きめのトッピングは角切りにしたり輪切りにしたりと、サラダに合わせて切り方を変えてみてください。盛りつけの見た目も変化がつくので、自由にアレンジして楽しみましょう。

135

ポッサムの薬味サラダ

1人あたり 361 kcal

材料（2～3人分）

豚バラ肉（かたまり）--- 250g
サラダ菜 --- 葉4枚
大葉 --- 6枚
長ねぎ --- 30g
塩、砂糖 --- 各小さじ1/4
糸とうがらし --- 適量
ヤンニョムドレッシング
　（P.060参照）--- 大さじ2

☑ 料理＆栄養メモ

ポッサムとは、韓国の「ゆで豚」のことです。やわらかくゆでた豚に甘辛いヤンニョムドレッシングをかけて、レタスやサンチュなどお好みの葉野菜で巻いて食べます。

作り方

① 豚肉は表面に塩と砂糖をもみ込み、チャックつき保存袋に入れて冷蔵庫で20分ほど漬け込む。鍋にたっぷりの水を用意し、豚肉を入れて中火にかける。沸騰寸前で弱火にし、落としブタをしてフツフツしない程度の温度を保ちながら25～30分煮込む。煮えたら火をとめ、取り出さずにそのまま10分ほどおく。鍋から取り出し、1cm厚さに切る。

② サラダ菜は食べやすい大きさに切る。大葉は千切りにする。長ねぎは軸を取り、4cm長さの千切りにする。

③ 皿に②のサラダ菜をしき、①をのせて糸とうがらしを添える。大葉、長ねぎはそれぞれ小皿にのせる。サラダ菜に豚肉とお好みの薬味をのせて巻き、ヤンニョムドレッシングにつけて食べる。

4章　中華、韓国サラダ

スタミナをつけたいときは、豪快で甘辛い味つけが食欲がそそる
中華、韓国サラダがぴったり！　おかずとして食べてもおいしいので、
ぜひごはんとともにお召し上がりください。

デジカルビとキムチの豪快サラダ

1人あたり **286** kcal

材料（2〜3人分）

- 豚カルビ肉（薄切り） --- 120g
- キムチ --- 100g
- ニラ --- 1/2束（50g）
- トマト --- 2個（200g）
- ほうれん草（サラダ用） --- 20g
- にんにく、しょうが --- 各1片（各6g）
- Ⓐ しょうゆ --- 大さじ1と1/2
- Ⓐ 酒 --- 大さじ2
- Ⓐ みりん --- 大さじ1と1/2
- 温泉卵（P.134参照） --- 1個
- ごま油 --- 小さじ2

作り方

① ニラは4cm幅に切る。トマトは5mm厚さの輪切りにする。にんにく、しょうがはそれぞれみじん切りにする。

② フライパンにごま油をひき、①のにんにく、しょうがを弱火で炒める。にんにくの香りがたってきたら、豚肉、キムチを入れて炒める。豚肉に焼き色がついたら①のニラ、Ⓐを入れてさらに炒める。

③ 皿に①のトマトを時計回りに重ねながら並べて、サラダ用ほうれん草をのせる。②を盛り、トッピングの温泉卵をのせる。

☑ 料理 & 栄養メモ　韓国で「豚カルビ」を指すデジカルビをサラダのメインに。豚肉に含まれるビタミンB1は、ニラと食べると疲労回復効果が期待できるので、疲れているときにぜひ。

牛そぼろとわかめのサムジャンサラダ

1人あたり **217** kcal

材料（2～3人分）

- 牛ひき肉 --- 120g
- きゅうり --- 1/2本（50g）
- 玉ねぎ --- 1/4個（50g）
- サンチュ --- 葉6枚
- しょうが --- 2片（12g）
- わかめ（塩蔵）--- 30g
- Ⓐ
  - 長ねぎ --- 10g
  - 砂糖 --- 小さじ1
  - しょうゆ、みりん --- 各小さじ2
  - みそ、ごま油 --- 各大さじ1
- Ⓑ
  - 塩 --- 小さじ1/4
  - 酒 --- 大さじ1
- ごま油 --- 小さじ2

作り方

① きゅうりは縦半分に切って、斜め切りにする。玉ねぎは2mm幅の薄切りにし、水をはったボウルに5分ほどさらして水けをきる。サンチュは食べやすい大きさに手でちぎる。しょうがはみじん切りにする。

② わかめはよく洗って塩を落とし、3cm幅に切る。長ねぎはみじん切りにして、Ⓐの調味料と合わせておく。

③ フライパンにごま油をひき、①のしょうがを弱火で炒める。しょうがの香りがたってきたら牛肉を入れて、牛肉がそぼろ状になるようにヘラなどで中火で炒める。半分ほど火が通ったら、Ⓑを加えて味つけする。

④ 皿に①のサンチュ、きゅうりを盛り、③をのせる。①の玉ねぎ、②のわかめを添えて、Ⓐを回しかける。

☑ 料理＆栄養メモ　韓国の合わせみそであるサムジャンは、コチュジャンのように辛くないので、辛いのが苦手な方や子どもにもおすすめです。今回はドレッシングでさっぱりと仕上げて。

エゴマの葉と豚しゃぶの
旨塩サラダ

1人あたり
115
kcal

材料（2～3人分）

豚ロース肉（しゃぶしゃぶ用）--- 100g
エゴマの葉 --- 4枚
しめじ --- 1/2パック（50g）
サニーレタス --- 葉3枚
小ねぎ --- 2本
ねぎ塩ドレッシング（P.060参照）
　--- 大さじ2

作り方

① エゴマの葉は縦半分に切る。しめじは石づきを切って小房に分け、たっぷりのお湯で1～2分ほどゆでてザルにあげる。サニーレタスは食べやすい大きさに手でちぎる。小ねぎは3cm長さの斜め切りにする。

② 鍋にたっぷりのお湯を沸かし、豚肉を1枚ずつ入れてゆでる。氷水をはったボウルで冷やし、ザルにあげる。

③ ボウルに①、②、ねぎ塩ドレッシングを入れて和える。

☑ 料理 & 栄養メモ　エゴマの葉は、独特の風味とほのかな苦みがクセになります。辛い料理や肉料理との相性がよく、さっぱりと食べられるため、韓国料理と合わせることが多いです。

もやしと豚そぼろの
すりごま花椒サラダ

1人あたり 197 kcal

材料（2～3人分）

豚ひき肉 --- 130g
もやし --- 1パック（200g）
ニラ --- 1/2束（50g）
にんにく --- 1片（6g）

A
- しょうが --- 1片（6g）
- 砂糖 --- 小さじ1
- しょうゆ --- 大さじ1と1/2
- 酢 --- 小さじ2
- すりごま（白）--- 大さじ1
- ごま油 --- 小さじ2

花椒 --- 小さじ1
ごま油 --- 小さじ2

作り方

① もやしはたっぷりのお湯でさっとゆでて、水けをきる。ニラは小口切りにする。にんにくはみじん切りにする。しょうがはすりおろしてⒶの調味料と合わせておく。

② フライパンにごま油をひき、①のにんにくを弱火で炒める。にんにくの香りがたってきたら豚肉を入れて、豚肉がそぼろ状になるようにヘラなどで中火で炒める。①のニラを入れてさっと炒め、火をとめる。

③ ボウルに①のもやし、②、Ⓐを入れて和える。皿に盛り、ミルで削った花椒をふりかける。

☑ 料理 & 栄養メモ　花椒の香りと舌がピリッとしびれる感じがやみつきになる、もやしが主役のサラダです。花椒は粒状なので、使う際はミルで削ったり、すり鉢で擦ったりしてください。

☑ 料理＆栄養メモ　サムギョプサルの豚肉は、赤ワインに漬け込むと、しっとりとやわらかくなります。時間があれば一晩漬け込んだほうが、よりジューシーに仕上がるのでおすすめです。

サムギョプサルの巻きサラダ

1人あたり
449
kcal

材料（2～3人分）

豚バラ肉（かたまり）--- 300g
サンチュ --- 葉5枚
エゴマの葉 --- 4枚
かいわれ大根 --- 適量
塩、粗挽き黒こしょう --- 各小さじ1/3
にんにく --- 1片（6g）
ワイン（赤）--- 100mℓ
コチュジャン --- 適量
ごま油 --- 小さじ2

作り方

① 豚肉は1.5cm厚さに切り、塩と粗挽き黒こしょうをもみ込む。にんにくはスライス切りにする（真ん中に芯がある場合は、爪楊枝で取る）。

② チャックつき保存袋に①の豚肉とにんにくを入れて、冷蔵庫で20分ほど休ませる。20分経ったらワインを入れて、保存袋の空気を抜いて冷蔵庫で2時間以上漬ける。

③ フライパンにごま油をひき、②の豚肉を強めの中火で焼く。ペーパータオルで余分な油をふき取り、両面がしっかりと焼けたら皿に盛ってコチュジャンを添える。

④ 別の皿にサンチュ、エゴマの葉、根元を切ったかいわれ大根をのせる。サンチュ→エゴマの葉→豚肉とコチュジャン→かいわれ大根の順にのせて、サンチュの葉で全体をくるんで食べる。

にんにくの芽とひき肉のサラダ

1人あたり 172 kcal

材料（2〜3人分）

- 牛豚合挽き肉 --- 130g
- にんにくの芽 --- 80g
- 水菜 --- 1束 (50g)
- にんにく、しょうが --- 各1片（各6g）
- ナッツ --- 10粒
- Ⓐ
  - 砂糖 --- 小さじ1
  - しょうゆ --- 小さじ2
  - 酒 --- 大さじ1
  - オイスターソース --- 小さじ1
- 塩、粗挽き黒こしょう --- 各少々
- 糸とうがらし --- 適量
- ごま油 --- 小さじ2

作り方

① にんにくの芽は4cm長さの斜め切りにする。水菜は3cm幅に切る。にんにく、しょうがはそれぞれみじん切りにする。ナッツは粗めにくだく。

② フライパンにごま油をひき、①のにんにく、しょうがを弱火で炒める。にんにくの香りがたってきたら、合挽き肉を入れて、そぼろ状になるようにヘラなどで中火で炒める。合挽き肉に半分ほど火が通ったら、①のにんにくの芽、Ⓐを入れて、塩と粗挽き黒こしょうをふりかけて汁がなくなるまで炒める。

③ 皿に①の水菜をしき、②を盛って、①のナッツを散らし、糸とうがらしをのせる。

☑ 料理＆栄養メモ　にんにくの芽は、炒めてもシャキシャキとした食感がしっかり残るので、油炒めとの相性がgood。水菜と合わせれば、くどくなく、あっさりと食べられます。

プルコギサラダ

1人あたり
196 kcal

材料（2〜3人分）

牛肉（切り落とし）--- 150g
きゅうり --- 1/2本（50g）
大根 --- 50g
ブロッコリースプラウト
　　--- 1/2パック（20g）
グリーンカール --- 葉4枚
Ⓐ
　にんにく、しょうが --- 各1片（各6g）
　しょうゆ、酒 --- 各大さじ1と1/2
　はちみつ --- 小さじ2
　コチュジャン --- 小さじ1
いりごま（白）--- 大さじ1
ごま油 --- 小さじ2

作り方

① きゅうり、大根はそれぞれ4cm長さの千切りにする。ブロッコリースプラウトは根元を切る。グリーンカールは食べやすい大きさに手でちぎる。にんにく、しょうがはそれぞれすりおろしてⒶの調味料と合わせ、牛肉によくもみ込む。

② フライパンにごま油をひき、①の牛肉を中火で炒める。

③ 皿に①のグリーンカール、きゅうり、大根、ブロッコリースプラウトをのせ、②を盛り、いりごまをふりかける。

☑ 料理 & 栄養メモ　韓国の「牛肉焼肉」であるプルコギは、肉にたれを最初にもみ込んで下味をつけることで、味がしっかりと染み込み、おいしくなります。たっぷりの野菜と合わせて。

牛肉ときくらげの
甘辛チャプチェサラダ

1人あたり
228
kcal

材料（2〜3人分）

牛こま切れ肉 --- 120g
きくらげ（乾燥）--- 5g
にんじん --- 1/3本（50g）
赤ピーマン --- 1/2個
豆もやし --- 1/2パック（100g）
にんにく --- 1片（6g）
赤とうがらし --- 1本
春雨（乾燥）--- 20g
Ⓐ｜砂糖 --- 小さじ2
　｜しょうゆ --- 大さじ2
　｜酒 --- 大さじ2
　｜みりん --- 大さじ2
ごま油 --- 大さじ1

作り方

① きくらげは水に10分ほど浸して戻し、石づきを切って半分に切る。にんじん、赤ピーマンはそれぞれ千切りにする。にんにくはみじん切りにする。赤とうがらしは種を取り除き、輪切りにする。

② 春雨はぬるま湯に10分ほど浸して戻し、水けをきって食べやすい長さに切る。

③ フライパンにごま油をひき、①のにんにく、赤とうがらしを弱火で炒める。にんにくの香りがたってきたら、牛肉を入れて中火で炒める。牛肉の表面に半分ほど火が通ったら、①のきくらげ、にんじん、赤ピーマン、豆もやしを入れて、野菜がしんなりとするまで炒める。

④ 野菜がしんなりとしてきたら②の春雨、Ⓐを入れて、全体が混ざるようによく炒める。

Point 春雨は「ぬるま湯」で戻す

春雨は、ぬるま湯で戻してほどよく水分を吸っている状態にすることで、味が染み込みやすく、食感も残るので食べごたえが出ます。使用する前にしっかりと水をきることも忘れずに。

☑ 料理 & 栄養メモ　ビタミンDが豊富なきくらげはカルシウムやリンの吸収を促し、骨や歯を丈夫にしてくれます。野菜をたっぷり入れて、定番のチャプチェをサラダ感覚で味わってみて。

☑ 料理 & 栄養メモ　ボリューミーな油淋鶏は、鶏むね肉を使うことであっさりと食べられます。肉をしっとりとさせるために、フライパンで蒸し焼きした後に余熱で火を通しています。

パクチー油淋鶏サラダ

1人あたり 236 kcal

材料（2〜3人分）

鶏むね肉 --- 1枚(250g)
パクチー --- 2株
パプリカ(赤) --- 1/4個
サニーレタス --- 葉2枚
Ⓐ ┃ 砂糖 --- 小さじ1/2
　 ┃ 塩 --- 小さじ1/4
　 ┃ 紹興酒(酒でも可) --- 大さじ1
片栗粉 --- 適量

長ねぎ --- 20g
にんにく --- 1/2片(3g)
Ⓑ ┃ 砂糖 --- 小さじ1
　 ┃ しょうゆ、米酢、
　 ┃ ごま油 --- 各大さじ1
ごま油 --- 大さじ1

作り方

① 鶏肉は、表面(皮面ではないほう)に包丁を斜めに入れて、肉の厚さを均一にする。フォークで数カ所穴をあけてⒶをもみ込み、チャックつき保存袋に入れて冷蔵庫で20分以上漬け込む。漬け込み後、片栗粉を全体に薄くまぶす。

② パクチーは3cm幅に切る。パプリカは5mm角に切る。サニーレタスは食べやすい大きさに手でちぎる。長ねぎはみじん切りにし、にんにくはすりおろして、それぞれⒷの調味料と合わせておく。

③ フライパンにごま油をひき、①の皮面を下にして中火で焼く。2〜3分ほど焼いたらひっくり返し、フタをして4〜5分ほど弱火で蒸し焼きにする。焼けたら火をとめて3〜4分ほど余熱で火を通し、食べやすい大きさに切ってⒷと合わせる。

④ 皿に②のサニーレタスをしいて、③をのせる。②のパクチー、パプリカを散らし、③のたれを回しかける。

バンバンジーサラダ

1人あたり **87** kcal

材料（2〜3人分）

鶏ささみ --- 1本（100g）
きゅうり --- 1本（100g）
玉ねぎ --- 1/6個（約25g）
ミニトマト
　（今回はカラフルを使用）--- 6個
サラダ菜 --- 葉4枚
甘辛ごまドレッシング
　（P.060参照）--- 大さじ2〜3

作り方

① 鍋に塩小さじ2（分量外）を入れたたっぷりのお湯を用意し、沸騰直前に鶏ささみを入れてフタをして火をとめる。粗熱がとれるまでそのまま冷まし、鍋から取り出して細かく裂く。

② きゅうりは表面に1mm幅の切り込みを細かく入れてから、3cm幅に切る。玉ねぎは薄切りにして、水をはったボウルに5分ほどさらして水けをきる。ミニトマトは縦4等分に切る。

③ 皿にサラダ菜をしき、②のきゅうり、玉ねぎを盛り、①の鶏ささみをのせる。②のミニトマトを添えて、甘辛ごまドレッシングをかける。

✓ 料理＆栄養メモ　バンバンジーはこってりな甘辛ごまドレッシングを使うので、脂肪分の少ない鶏ささみを使用しましょう。鶏肉の胸部位に近く、低カロリーかつたんぱく質も豊富です。

チーズタッカルビ風レタスサラダ

1人あたり 299 kcal

材料（2〜3人分）

- 鶏もも肉 --- 1枚(250g)
- キャベツ --- 葉2枚
- 玉ねぎ --- 1/4個(50g)
- ロメインレタス --- 葉5枚
- キムチ --- 80g
- Ⓐ
  - にんにく --- 1片(6g)
  - しょうゆ --- 大さじ1
  - 酒 --- 大さじ2
  - はちみつ --- 小さじ2
  - コチュジャン --- 大さじ1と1/2
- ピザ用チーズ --- 30g
- 牛乳 --- 大さじ1
- ごま油 --- 小さじ2

作り方

① 鶏肉、キャベツはそれぞれ一口大に切る。玉ねぎは2mm幅の薄切りにする。ロメインレタスは食べやすい大きさに手でちぎる。にんにくはすりおろし、Ⓐの調味料と合わせておく。

② チャックつき保存袋に①の鶏肉、キャベツ、玉ねぎ、キムチ、Ⓐを入れてもみ込み、冷蔵庫で10分ほど休ませる。

③ フライパンにごま油をひき、②を中火で炒める。半分ほど火が通ったらフタをして、4〜5分ほど弱火で蒸し焼きにする。

④ 皿に①のロメインレタスをしき、③を盛る。

⑤ 鍋にピザ用チーズ、牛乳を入れて、ヘラで混ぜながら弱火でチーズを溶かす。溶けたら④にかける。

☑ 料理 & 栄養メモ　チーズタッカルビの具材は、一度たれでもみ込み味をなじませると、均一に味がつくのでどこから食べてもおいしいです。とろ〜りチーズをたっぷりかけて召し上がれ！

☑ 料理 & 栄養メモ　なすの皮にはナスニンという栄養素が含まれており、動脈硬化を防ぐ働きがあるので、調理の際はぜひ皮つきのままで。コチュジャン多めで、本場の味に近づけました。

なすと ヤンニョムチキンの 甘辛サラダ

1人あたり 398 kcal

材料（2〜3人分）

鶏もも肉 --- 1枚（250g）
なす --- 2本
グリーンカール --- 葉2枚
みつば --- 1束（30g）
小ねぎ --- 2本
塩、粗挽き黒こしょう
　--- 各少々
片栗粉 --- 適量

Ⓐ にんにく --- 1片（6g）
　しょうゆ --- 大さじ1
　はちみつ --- 小さじ2
　コチュジャン --- 大さじ2
　ごま油 --- 小さじ2

サラダ油 --- 適量

作り方

① 鶏肉は一口大に切り、塩と粗挽き黒こしょうをもみ込み、片栗粉を薄くまぶす。

② なすは1.5cm厚さに切る。グリーンカールは食べやすい大きさに手でちぎる。みつばは3cm幅に切る。小ねぎは小口切りにする。にんにくはすりおろしてⒶの調味料と合わせておく。

③ 深めのフライパンにサラダ油を4cm深さほど入れて、180℃に温める。①の鶏肉を4〜5分ほど揚げて、ペーパータオルをしいたバットにあげて余分な油をきる。そのまま火を弱めて170℃にし、②のなすを1〜2分ほど素揚げして余分な油をきる。

④ ボウルに③、Ⓐを入れて和える。

⑤ 皿に②のグリーンカール、みつばをしいて④を盛り、②の小ねぎを散らす。

えびチリサラダ

1人あたり 144 kcal

材料（2〜3人分）

- えび（無頭・殻なし）--- 6尾
- レタス --- 葉3枚
- パクチー --- 1株
- 長ねぎ --- 50g
- にんにく、しょうが --- 各1片（各6g）
- 片栗粉 --- 適量
- 豆板醤 --- 小さじ1
- 酢 --- 小さじ1

Ⓐ
- しょうゆ --- 小さじ1
- 砂糖 --- 小さじ2
- 水 --- 70ml
- ケチャップ --- 大さじ3

- ごま油 --- 小さじ3

作り方

① えびは塩水で洗い、竹串で背ワタを取り除いてペーパータオルで水けをふき、片栗粉を全体に薄くまぶす。

② レタスは食べやすい大きさに手でちぎる。パクチーは2cm幅に切る。長ねぎ、にんにく、しょうがはそれぞれみじん切りにする。Ⓐは混ぜ合わせておく。

③ フライパンにごま油小さじ2をひき、②の長ねぎ、にんにく、しょうがを弱火で炒める。にんにくの香りがたってきたら豆板醤を加えて、30秒ほど焼く。さらににんにくの香りがしっかりとしてきたら、Ⓐを加えて全体を和えながら炒める。

④ ③に①のえびを入れて、からめながら炒める。えびに火が通ったら残りのごま油、酢を回し入れてさっと炒める。

⑤ 皿に②のレタスをしき、④を盛って②のパクチーを添える。レタス、パクチーをたっぷりと箸でつかみ、えびとともに食べる。

☑ 料理＆栄養メモ　にんにくの香りがたってきた段階で豆板醤を加えて少し焼くことで、香ばしさをプラスします。このひと手間で、えびチリサラダはさらにおいしい仕上がりへ！

春菊と揚げさんまのキムチサラダ

1人あたり **316** kcal

材料（2〜3人分）

- さんま --- 2匹
- 春菊 --- 1束（50g）
- みょうが --- 1本
- キムチ --- 100g
- 塩、粗挽き黒こしょう --- 各少々
- 片栗粉 --- 適量
- いりごま（白）--- 小さじ2
- 甘辛ごまドレッシング（P.060参照）
  --- 大さじ1
- サラダ油 --- 適量

作り方

① さんまは頭と尾を切り落とし、お腹の部分に縦に切れ目を入れて内臓を取り、水でよく洗う。三枚おろしにし、3等分にしてペーパータオルで水けをふき取る。塩と粗挽き黒こしょうをふりかけて、片栗粉を薄くまぶす。

② 春菊は3cm幅に切る。みょうがは千切りにする。

③ フライパンにサラダ油を2cm深さほど入れて、170℃に温める。①を3〜4分ほど揚げて、ペーパータオルをしいたバットにあげて余分な油をきり、ボウルでキムチと和える。

④ 皿に②の春菊をのせて③を盛る。②のみょうがをのせて甘辛ごまドレッシングを回しかけ、いりごまをふりかける。

✓ **料理＆栄養メモ**　春菊の選び方のポイントは、茎の切り口の太さ。切り口が太いと葉がかたい傾向にあるので、特に生で春菊を食べる際は、切り口があまり太くないものを選びましょう。

中華風さけの南蛮サラダ

1人あたり 289 kcal

材料（2〜3人分）

- さけ（切り身）--- 3枚
- パプリカ（赤）--- 1/4個
- 玉ねぎ --- 1/2個（100g）
- にんじん --- 1/3本（50g）
- 塩、粗挽き黒こしょう --- 各少々
- 薄力粉 --- 適量
- Ⓐ
  - 赤とうがらし --- 1本
  - しょうゆ --- 大さじ2
  - りんご酢 --- 大さじ2
  - 水 --- 大さじ2
  - 酒 --- 大さじ1
  - はちみつ --- 小さじ2
- サラダ油 --- 適量

作り方

① さけは塩をふりかけて5分ほどおき、表面に水分が出てきたらペーパータオルでふいて3等分に切る。粗挽き黒こしょうをふって、薄力粉を全面に薄くまぶす。

② パプリカ、玉ねぎ、にんじんはそれぞれ薄切りにする。赤とうがらしは種を取り除いてⒶの調味料と合わせておく。

③ 鍋にⒶを入れて中火で一煮立ちさせる。②の野菜を入れてからめたら、バットに広げて粗熱をとる。

④ フライパンにサラダ油を2cm深さほど入れて、170℃に温める。①を3〜4分ほど揚げて、③のバットに移して合わせ、冷蔵庫で30分ほど漬け込む。

☑ 料理＆栄養メモ　パプリカのカプサンチンという色素には、善玉コレステロールを上昇させ、老化を防止する効果が期待できます。黄パプリカに変えると、また違った彩りが楽しめます。

クレソンと白身魚のフェ

1人あたり 80 kcal

材料（2〜3人分）

白身魚（たいなど・刺身用）--- 6切れ
クレソン --- 1束（50g）
かいわれ大根 --- 1/2パック
長ねぎ --- 30g
大葉 --- 4枚

すりごま（白）--- 小さじ1
刻みのり --- 適量
ヤンニョムドレッシング（P.060参照）
--- 大さじ2〜3

✓ 料理＆栄養メモ　韓国で「お刺身」を意味するフェ。淡白な白身魚は、身の旨みが強く、脂の甘みが感じられます。たい以外に、はまちやぶり、かんぱちなども合うので試してみて。

作り方

① クレソンは2cm幅に切る。かいわれ大根は根元を切る。長ねぎは斜め切りにする。大葉は千切りにする。

② ボウルに①、白身魚、ヤンニョムドレッシングを入れて和える。器に盛り、すりごまをふって刻みのりをのせる。

まいたけと干しえびの中華風サラダ

1人あたり **38** kcal

材料（2～3人分）

- まいたけ --- 1パック（100g）
- 干しえび --- 大さじ1（6g）
- レタス --- 葉2枚
- にんにく、しょうが --- 各1片（各6g）
- しょうゆ --- 小さじ1
- 花椒 --- 小さじ1/2
- ごま油 --- 大さじ1/2

作り方

① まいたけは軸を切って手で小房に分け、たっぷりのお湯でさっとゆでて水けをきる。干しえびはぬるま湯に15分ほど浸けて戻し、みじん切りにする。レタスは3mm幅の千切りにする。にんにく、しょうがはそれぞれみじん切りにする。

② ボウルに①のまいたけ、干しえび、レタスを入れて和える。

③ フライパンにごま油をひき、①のにんにく、しょうがを弱火で炒める。にんにくの香りがたってきたら、温かいうちに②に回しかけて和える。しょうゆ、ミルで削った花椒をかけて、全体を和える。

☑ 料理 & 栄養メモ

干しえびは、中華料理では定番食材のひとつです。干して乾燥しているため、えびの旨みがギュッと凝縮され、サラダのおいしさを決める重要なポイントに。

水菜と桜えびの四川風サラダ

1人あたり **42** kcal

材料（2〜3人分）

水菜 --- 2束（100g）
桜えび --- 大さじ1（5g）
メンマ（市販・瓶詰）--- 20g
花椒 --- 適量
塩 --- 少々
ごま油 --- 小さじ2

作り方

① 水菜は7cm幅に切る。メンマは千切りにする。花椒はミルで削る。
② ボウルに①、桜えび、塩、ごま油を入れて、よく和える。

> **Point 花椒で本格的な味わいに**
>
> 花椒は、主に麻婆豆腐などで使われる調味料です。舌にピリッとくる爽やかなしびれが特徴です。サラダにひと振りすれば、一気に中華風の味わいを楽しめるので、ぜひ取り入れてみて。

☑ 料理&栄養メモ　シャキシャキの水菜と噛みごたえのあるメンマを合わせることで、ひとつのサラダのなかでさまざまな食感を味わえます。塩とごま油のみの、シンプルな味つけです。

具だくさん！海鮮あんかけサラダ

1人あたり **123** kcal

材料（2～3人分）

- シーフードミックス
  （今回はあさり、いか、えびを使用）
  --- 150g
- ニラ --- 1/2束（50g）
- にんじん --- 1/3本（50g）
- スナップえんどう --- 4本
- 水菜 --- 1束（50g）
- かいわれ大根 --- 1/2パック
- しょうが --- 1片（6g）
- うずらの卵（市販）--- 4個
- 酒 --- 大さじ2

Ⓐ
- 砂糖 --- 小さじ2
- しょうゆ --- 小さじ2
- オイスターソース --- 小さじ1

- 水 --- 100㎖
- 鶏がらスープの素（顆粒）--- 小さじ1
- 水溶き片栗粉（水1：片栗粉1）--- 適量
- 粗挽き黒こしょう --- 適量
- ごま油 --- 大さじ1/2

作り方

① シーフードミックスは常温に戻しておく。ニラは4cm幅に切る。にんじんは短冊切りにする。スナップえんどうはヘタと筋を取る。水菜は3cm幅に切る。かいわれ大根は根元を切り、半分に切る。しょうがはみじん切りにする。

② フライパンにごま油をひき、①のしょうがを弱火で炒める。しょうがの香りがたってきたら、にんじんを入れて中火で炒める。にんじんがしんなりとしてきたら、①のニラ、スナップえんどう、酒を入れてさっと炒め、①のシーフードミックス、うずらの卵、Ⓐを入れてさらに炒める。シーフードミックスに火が通ったら、水溶き片栗粉を回し入れてとろみをつける。

③ 皿に①の水菜、かいわれ大根を盛り、②をのせて粗挽き黒こしょうをふりかける。

☑ 料理＆栄養メモ　シーフードミックスは、凍ったままだと炒めるときに水っぽくなったり、身が小さくなったりするので、しっかり解凍させてから使うのがおいしく仕上げるコツです。

にんじんと切り干し大根のナムル

1人あたり 123 kcal

材料（2〜3人分）

にんじん --- 2/3本 (100g)
ニラ --- 1/4束 (25g)
切り干し大根 --- 30g
しょうが --- 2片 (12g)

Ⓐ
- 塩 --- 小さじ1/4
- しょうゆ --- 大さじ1
- すりごま（白）--- 大さじ1
- ごま油 --- 大さじ1と1/2

作り方

① にんじんは4cm長さの千切りにする。ニラは4cm幅に切る。切り干し大根は、たっぷりの水に15分ほど浸して戻し、水けをきって食べやすい長さに切る。しょうがは千切りにする。

② ボウルに①、Ⓐを入れて和える。冷蔵庫で1時間以上冷やす。

☑ 料理＆栄養メモ

整腸作用のある切り干し大根は、生の大根よりもかさが減っている分、食物繊維が摂りやすいです。にんじん、ニラとともにシャキシャキ食感がおいしいサラダです。

中華風きんぴらごぼうサラダ

1人あたり
117
kcal

材料（2～3人分）

ごぼう --- 2/3本（100g）
にんじん --- 2/3本（100g）
小ねぎ --- 1本
フリルレタス --- 葉3枚
Ⓐ｜しょうゆ、酒、みりん
　　--- 各小さじ2
豆板醤 --- 小さじ1/2
マヨネーズ --- 大さじ1と1/2
ごま油 --- 小さじ2

作り方

① ごぼう、にんじんはそれぞれ4cm長さの千切りにする。小ねぎは小口切りにする。フリルレタスは食べやすい大きさに手でちぎる。

② フライパンにごま油をひき、①のごぼう、にんじんを中火で炒める。しんなりとしてきたらⒶを加えて味つけする。

③ ボウルで豆板醤、マヨネーズを混ぜ合わせて、②を入れて和える。

④ 皿に①のフリルレタスを添えて、③を盛り、①の小ねぎを散らす。

✓ 料理＆栄養メモ　豆板醤とマヨネーズで、和食の定番であるきんぴらごぼうを中華風に。フリルレタスは葉に厚みがありシャキシャキ感が特徴です。食べやすく手でちぎって入れると◎。

カリカリ油揚げのチョレギサラダ

1人あたり 108 kcal

材料（2〜3人分）

油揚げ---1枚
きゅうり---1/2本（50g）
水菜---1束（50g）
サニーレタス---葉2枚
韓国のり---8枚
Ⓐ
　にんにく---1片（6g）
　砂糖---小さじ1
　しょうゆ---小さじ2
　酢---小さじ2
　鶏がらスープの素（顆粒）
　　---小さじ1/2
　ごま油---大さじ1と1/2

作り方

① 油揚げは半分に切り、1cm幅に切る。フライパンを中火で温め、油揚げの表面がカリカリになるまでしっかりと焼く（サラダ油はひかなくてよい）。

② きゅうりは5cm長さの千切りにする。水菜は3cm幅に切る。サニーレタス、韓国のりはそれぞれ食べやすい大きさに手でちぎる。にんにくはすりおろしてⒶの調味料と合わせておく。

③ ボウルに①、②、Ⓐを入れて和え、器に盛る。

☑ 料理＆栄養メモ　油揚げはカリカリに焼いて香ばしさと存在感を出します。塩とごま油で味つけされた韓国のりはきゅうり、水菜、サニーレタスなどさっぱり系の野菜と相性がよいです。

山盛り辛ねぎとザーサイのハムサラダ

1人あたり **123** kcal

材料（2～3人分）

- 長ねぎ --- 100g
- 水菜 --- 1/2束(25g)
- ハム --- 3枚
- ザーサイ（市販・瓶詰）--- 30g
- しょうが --- 1片(6g)
- Ⓐ
  - しょうゆ --- 大さじ1
  - みそ --- 小さじ2
  - 豆板醤 --- 小さじ1
  - ごま油 --- 大さじ2

作り方

① 長ねぎは4cm長さの千切りにして、水をはったボウルに5分ほどさらし水けをきる。水菜は4cm幅に切る。

② ハムは半分に切り、細切りにする。ザーサイ、しょうがはそれぞれみじん切りにする。

③ ボウルに①、②、Ⓐを入れて、よく和える。

☑ **料理 & 栄養メモ**　辛ねぎの刺激を、淡白なハムが緩和してくれます。長ねぎは殺菌効果のある薬味として、昔から重宝されている食材です。肉や魚などの臭い消しとしても活躍します。

空芯菜と豆苗のにんにくサラダ

1人あたり 69 kcal

材料（2〜3人分）

空芯菜 --- 1束（100g）
豆苗 --- 1パック（100g）
にんにく --- 2片（12g）
赤とうがらし --- 1本
紹興酒（酒でも可）--- 大さじ1
ナンプラー --- 小さじ2
オイスターソース --- 小さじ2
ごま油 --- 大さじ1

作り方

① 空芯菜、豆苗はそれぞれ根元を切る。にんにくはスライス切りにする（真ん中に芯がある場合は、爪楊枝で取る）。赤とうがらしは種ごと輪切りにする。

② フライパンにごま油をひき、①のにんにくを弱火で炒める。にんにくの香りがたってきたら、空芯菜、豆苗、赤とうがらしを入れて強火でさっと炒める。紹興酒、ナンプラー、オイスターソースを入れて、味つけする。

✓ 料理 & 栄養メモ　中華料理の定番食材である空芯菜と豆苗は、火を通しすぎるとしんなりしてしまいシャキシャキ感がなくなってしまうので、食感が残る程度にさっと炒めましょう。

揚げいんげんとオクラの豆豉サラダ

1人あたり **132** kcal

材料（2〜3人分）

- いんげん --- 15本
- オクラ --- 6本
- ほうれん草（サラダ用）--- 20g
- Ⓐ
  - にんにく --- 1片 (6g)
  - 豆豉 --- 大さじ1 (6g)
  - しょうゆ --- 小さじ1
  - 米酢 --- 大さじ2
  - オイスターソース --- 小さじ2
  - ごま油 --- 大さじ1
- サラダ油 --- 適量

作り方

① フライパンにサラダ油を2cm深さほど入れて、160℃に温める。いんげんを1〜1分20秒ほど揚げ、ペーパータオルをしいたバットにあげて余分な油をきる。

② オクラはヘタを取り、爪楊枝で数カ所穴をあけて、同様に1分ほど揚げて余分な油をきり、縦半分に切る。

③ にんにく、豆豉はそれぞれみじん切りにし、Ⓐの調味料とともに小鍋に入れる。一煮立ちさせ、①、②を入れて全体を和える。

④ 皿にサラダ用ほうれん草をしき、③をのせる。

✓ 料理 & 栄養メモ　豆豉とは黒豆を発酵させた食材で、旨みとコクが強く、麻婆豆腐を作るときによく使われます。発酵食品同士は組み合わせがいいので、みそと合わせても相性抜群です。

169

白ごまたっぷり！担々キャベツサラダ

1人あたり **217** kcal

材料（2〜3人分）

- 豚ひき肉 --- 150g
- キャベツ --- 葉3枚
- にんにく、しょうが --- 各1片（各6g）
- Ⓐ
  - 水、しょうゆ --- 各小さじ2
  - みそ、ねりごま（白）--- 各大さじ1
  - 豆板醤 --- 小さじ1
  - ラー油 --- 小さじ1/2
- すりごま（白）--- 小さじ2
- 糸とうがらし --- 適量
- ごま油 --- 小さじ2

作り方

① キャベツは細めの千切りにする。にんにく、しょうがはそれぞれみじん切りにする。Ⓐは混ぜ合わせておく。

② フライパンにごま油をひき、①のにんにく、しょうがを弱火で炒める。にんにくの香りがたってきたら豚肉を入れて、豚肉がそぼろ状になるようにヘラなどで中火で炒める。肉に半分ほど火が通ったら、Ⓐを加えてよく和えながら炒める。

③ 皿に①のキャベツを盛って②をのせ、すりごまをふりかけて糸とうがらしをのせる。

✅ **料理 & 栄養メモ**　すりごまは、いりごまよりも調味料とよくなじむため、肉炒めや和え物などにぴったり。今回は仕上げにたっぷりかけているので、よく混ぜて香ばしい風味を楽しんで。

白菜と豆腐の明太チゲサラダ

1人あたり **87** kcal

材料（2～3人分）

- 白菜 --- 葉2枚
- 絹豆腐 --- 1/2丁（約150g）
- 韓国のり --- 3枚
- Ⓐ
  - 明太子 --- 1/2腹（40g）
  - しょうゆ --- 小さじ1/2
  - コチュジャン --- 小さじ1/2
  - マヨネーズ --- 大さじ1
- いりごま（黒）--- 適量

作り方

① 白菜は、葉のやわらかい部分とかたい部分に分ける。やわらかい部分は食べやすい大きさに手でちぎり、かたい部分は薄い削ぎ切りにする。豆腐は1cm厚さに切る。韓国のりは食べやすい大きさに手でちぎる。

② 明太子は薄皮をはがして身をほぐし、Ⓐの調味料と合わせておく。

③ 皿に①の白菜→豆腐→韓国のりの順に重ね、Ⓐを回しかけて、いりごまをふりかける。

✓ 料理＆栄養メモ　白菜や豆腐などのあっさり食材に、明太ソースがマッチする一品。白菜を生で食べる際、茎の部分はかたくて口触りが悪いので、しっかりと薄切りにしましょう。

キウイと豚肉の ココナッツサラダ

材料（2〜3人分）

- 豚こま切れ肉 --- 100g
- キウイフルーツ --- 1個
- 紫キャベツ --- 葉4枚
- しょうが --- 1片（6g）
- 塩 --- 小さじ1/4
- 粗挽き黒こしょう --- 少々
- スペアミント（葉）--- 適量
- ココナッツオイル --- 大さじ1

作り方

① キウイフルーツは皮をむいて5mm幅の輪切りにし、いちょう切りにする。紫キャベツは3mm幅の太めの千切りにする。しょうがはみじん切りにする。

② フライパンにココナッツオイルをひき、①のしょうがを弱火で炒める。しょうがの香りがたってきたら、豚肉を入れて炒め、塩と粗挽き黒こしょうで味つけする。

③ 皿に①の紫キャベツ→②→①のキウイフルーツの順に盛り、スペアミントを添える。

☑ 料理 & 栄養メモ

キウイフルーツにはビタミンCが豊富に含まれており、肌の調子をととのえてくれます。豚肉をココナッツオイルで炒めるためしっかりと味がつくので、ドレッシング不要です。

5章 フルーツ&野菜ひとつの

サラダ

ビタミンたっぷりで栄養面もうれしい、くだものと野菜の甘みが贅沢なフルーツサラダです。ひとつの野菜で作るサラダは、時間がないときや、あと一品ほしいときの救世主。

オレンジと小松菜のカリカリサラダ

1人あたり 133 kcal

材料（2〜3人分）

- オレンジ --- 1個 (150g)
- 小松菜 --- 2束 (120g)
- Ⓐ
  - 砂糖 --- 小さじ1/2
  - 粗挽き黒こしょう --- 少々
  - りんご酢 --- 大さじ1/2
  - オリーブオイル --- 大さじ1
- ガーリッククルトン (P.133参照) --- 4cm分 (2枚)

作り方

① オレンジは皮をむき、房から実を取り出す。小松菜は3cm幅に切って塩少々（分量外）でもみ込み、水けが出たらペーパータオルでしっかりとふく。

② ボウルに①、Ⓐを入れてよく和える。皿に盛り、トッピングのガーリッククルトンを散らす。

✓ 料理 & 栄養メモ　みずみずしいオレンジの酸みにガーリッククルトンの塩っけがよく合います。小松菜を生で食べる際は、塩もみしてしんなりさせてからのほうがえぐみを抑えられます。

グレープフルーツとほたてのマリネ

1人あたり **91** kcal

材料（2〜3人分）

- グレープフルーツ･･･1/2個
- ほたて貝柱（刺身用）･･･6切れ
- Ⓐ
  - しょうゆ･･･小さじ1/2
  - はちみつ･･･小さじ1
  - ライム汁･･･大さじ1/2
  - オリーブオイル･･･大さじ1
  - 塩、粗挽き黒こしょう･･･各少々
- ブロッコリースプラウト･･･適量
- ディル（葉）･･･2枝
- とびっこ･･･小さじ1

作り方

① グレープフルーツは皮をむき、房から実を取り出して3等分に切る。ほたては食べやすい厚さに切る。Ⓐは混ぜ合わせておく。

② 皿に①のグレープフルーツとほたてを交互に並べて、ブロッコリースプラウト、ディルの葉を散らす。とびっこを添えて、Ⓐを回しかける。

✓ **料理 & 栄養メモ**　ほたてに含まれるタウリンは、人間の生命活動に大切な栄養素です。熱に弱いため、生のまま食べるのがおすすめ。とびっこのぷちぷち食感がアクセントになります。

175

メロンと
ローストビーフの
サラダ

1人あたり 279 kcal

材料（2〜3人分）

牛もも肉（かたまり）--- 300g
メロン --- 100g
フリルレタス --- 葉4枚
トレビス --- 葉2枚
砂糖、塩 --- 各小さじ1/2
粗挽き黒こしょう --- 少々
ワイン（赤）--- 100ml
マスカルポーネ --- 20g
ノンオイル和風りんごドレッシング
　（P.059参照）--- 大さじ3
オリーブオイル --- 小さじ2

作り方

① ローストビーフを作る。牛肉は常温に戻し、砂糖、塩、粗挽き黒こしょうを全体にもみ込む。フライパンにオリーブオイルをひき、牛肉の全面に焼き色がつくまで、中火で片面1〜1分半ほど焼く。ワインを加えてフタをし、弱中火で5分ほど蒸し焼きにする。ひっくり返してもう一度フタをし、さらに3分半ほど蒸し焼きにする。

② 2枚重ねにしたアルミホイルを用意し、①を包む。さらにふきんなどで全体を覆い、40分ほど放置する。余熱で中まで火を通し、取り出して5mm厚さに切る。

③ メロンは一口大に切る。フリルレタス、トレビスはそれぞれ食べやすい大きさに手でちぎる。

④ 皿に②、③を盛り、ノンオイル和風りんごドレッシングを回しかけて、マスカルポーネをのせる。

☑ 料理 & 栄養メモ　肉感の強いローストビーフには、甘みの強いメロンを組み合わせたほうがよりおいしく食べられます。甘みのあるノンオイル和風りんごドレッシングがよく合います。

いちごとクレソンの
カッテージチーズサラダ

1人あたり
91 kcal

材料（2〜3人分）

いちご･･･10粒
クレソン･･･1束（50g）
ミニトマト･･･5個
Ⓐ ┌ しょうゆ･･･小さじ1
　├ はちみつ･･･小さじ2
　├ バルサミコ酢･･･大さじ1と1/2
　├ オリーブオイル･･･大さじ1
　└ 塩、粗挽き黒こしょう･･･各少々
カッテージチーズ･･･20g

作り方

① いちごはヘタを取り、縦半分に切る。クレソンは3cm幅に切る。ミニトマトはヘタを取り、半分に切る。

② ボウルに①、Ⓐを入れてよく和える。皿に盛り、カッテージチーズをのせる。

☑ 料理＆栄養メモ　いちご、ミニトマト、バルサミコ酢と、それぞれの甘みや酸みが絶妙にマッチ。バルサミコ酢をかけてからカッテージチーズを盛ると、美しい見た目に仕上がります。

マスカットのカプレーゼ

1人あたり
156
kcal

材料（2〜3人分）

マスカット（種なし・皮ごと食せる）
　　---約25粒
Ⓐ　はちみつ --- 大さじ1
　　白ワインビネガー --- 大さじ1
　　オリーブオイル --- 大さじ1と1/2
　　塩 --- 少々
ブファーラ --- 1個

作り方

① マスカットは横半分に切り、ボウルに入れてⒶと和える。

② 皿に①を盛り、ブファーラを添える。ブファーラをくずしながらマスカットと混ぜて食べる。

☑ 料理 & 栄養メモ　ブファーラとは、水牛を使ったモッツァレラです。くずすとなかがとろとろで、コクとやわらかな酸みが特徴。贅沢チーズなのでおもてなしや自分へのごほうびにぜひ。

金柑とパクチーのサラダ

1人あたり
76 kcal

材料（2〜3人分）

金柑 --- 4個
パクチー --- 2株
クレソン --- 1束(50g)
にんにく --- 1/2片(3g)
アンチョビフィレ --- 2本
白ワインビネガー --- 大さじ1
オリーブオイル
　--- 大さじ1と1/2

作り方

① 金柑は3mm幅の薄切りにする。パクチー、クレソンはそれぞれ3cm幅に切る。にんにく、アンチョビフィレはそれぞれみじん切りにする。

② フライパンにオリーブオイルをひき、①のにんにく、アンチョビフィレを弱火で炒める。にんにくの香りがたってきたら、火をとめ、白ワインビネガーを加えて和える。

③ ボウルに残りの①、②を入れて和える。

☑ 料理＆栄養メモ　　金柑はやわらかな苦みと、ひかえめな甘みがクセになるくだものです。主張が強すぎないので、風味の強いパクチーと合わせても、全体の味がよくまとまります。

パイナップルとパクチーのタイサラダ

1人あたり **56** kcal

材料（2〜3人分）

パイナップル･･･250g
パクチー･･･1株

A
- 砂糖･･･小さじ1
- レモン汁･･･小さじ2
- ナンプラー･･･大さじ1
- スイートチリソース（市販）･･･小さじ2

作り方

① パイナップルは食べやすい大きさの角切りにする。パクチーは葉をもぎ、茎の部分はみじん切りにする。

② ボウルに①のパイナップル、パクチーの茎、Aを入れて和える。器に盛り、①のパクチーの葉をのせる。

Point フレッシュパインがおすすめ

生のパイナップルは酸みと甘みを強く感じられるので、風味の強いパクチーとの相性が抜群です。缶詰のパイナップルではなく、ぜひ生で作っておいしさを味わってください！

☑ 料理＆栄養メモ　パイナップルの酵素には胃液の分泌を活性化させる働きがあるので、胃の健康を助けてくれます。甘辛いスイートチリソースとパイナップルの酸みがよく合います。

柿とルッコラのサラダ

1人あたり
92 kcal

材料（2〜3人分）

- 柿 --- 1個
- ルッコラ --- 2束（120g）
- ベビーリーフ --- 20g
- Ⓐ
  - はちみつ --- 小さじ1
  - バルサミコ酢 --- 大さじ1
  - ごま油 --- 大さじ1/2
  - 塩、粗挽き黒こしょう --- 各少々
- ふりかけベーコン（P.133参照）
  --- 小さじ2

作り方

① 柿は皮をむいて6等分のくし切りにし、種を取り除く。ルッコラは3cm幅に切る。Ⓐは混ぜ合わせておく。

② 皿に①の柿、ルッコラ、ベビーリーフを盛り、Ⓐを回しかける。トッピングのふりかけベーコンを散らす。

✅ **料理＆栄養メモ**　柿に含まれるタンニンにはアルコールを分解する効果が期待できるため、二日酔いなどにもぴったりなくだものです。ふりかけベーコンのしょっぱさがアクセントに！

りんごと栗のポテサラ

1人あたり 266 kcal

材料（2〜3人分）

- りんご --- 1/4個
- むき甘栗 --- 100g
- じゃがいも --- 3個（300g）
- 白ワインビネガー --- 小さじ1
- オリーブオイル --- 小さじ2
- Ⓐ 塩 --- 少々
  - マヨネーズ --- 大さじ3
- シナモンパウダー --- お好みの量

作り方

① りんごは皮つきのまま、8等分のくし切りにし、横3mm幅の薄切りにする。むき甘栗は縦半分に切る。じゃがいもは皮をむき、鍋に塩少々（分量外）を入れたたっぷりの水を用意して弱火でゆでる。竹串がすっと通るまでゆでたら、ザルにあげる。

② ゆで汁を捨てた鍋に①のじゃがいもを戻し入れ、中火にかけてかるくゆらす。粉ふきいもの状態になったら火をとめて、熱いうちに白ワインビネガー、オリーブオイルを回しかける。ボウルに移し、木ベラなどでつぶす。

③ ②の粗熱がとれたら①のりんご、むき甘栗、Ⓐを入れて和える。器に盛り、シナモンパウダーをふりかける。

☑ 料理 & 栄養メモ　りんごの豊かな甘み、やわらかなじゃがいもと甘栗の食感にホッとするサラダ。りんごに含まれるりんご酸は、レモンのクエン酸と同じく疲労回復効果が期待できます。

クレソンの塩昆布サラダ

1人あたり 23 kcal

材料（2～3人分）

クレソン --- 2束 (100g)	練りわさび --- 小さじ1/4
塩昆布 --- 7g	Ⓐ 酢 --- 小さじ2
焼きのり (全形) --- 1/2枚	ごま油 --- 小さじ2

作り方

① クレソンは3cm幅に切る。焼きのりは手で食べやすい大きさにちぎる。

② ボウルに①、塩昆布、Ⓐを入れて和える。

☑ 料理 & 栄養メモ

クレソンの苦みが苦手な方でも、練りわさびを少し入れて風味を出し、焼きのりでマイルドな味つけにすることで食べやすくなります。

ミニトマトの甘コチュ和え

1人あたり 73 kcal

材料（2～3人分）

ミニトマト --- 14個	はちみつ --- 小さじ2
	Ⓐ コチュジャン --- 大さじ1
	ごま油 --- 小さじ2
	いりごま (白) --- 小さじ1

作り方

① ミニトマトはたっぷりのお湯で20秒ほどゆでる。氷水をはったボウルに移して冷やし、皮をむいて横半分に切る。

② ボウルに①、Ⓐを入れてよく和え、器に盛り、いりごまをたっぷりふりかける。

☑ 料理 & 栄養メモ

ミニトマトは湯むきしてから半分に切るため、少し大きめのほうがくずれにくくて作りやすいです。仕上げのいりごまはたっぷりとふりかけて！

白菜の和風コールスロー

1人あたり 129 kcal

材料（2〜3人分）

白菜 --- 葉6枚
ベーコン（ブロック） --- 40g
塩 --- 小さじ1/2

A
しょうゆ、みそ --- 各小さじ2
すりごま（白）--- 大さじ1
マヨネーズ --- 大さじ1と1/2

ごま油 --- 小さじ2

作り方

① 白菜は6cm幅に切り、太めの千切りにする。ボウルに塩とともに入れてよくもみ込み、しっかりと水けをきる。ベーコンは5mm角に切り、フライパンにごま油をひいて、表面に焼き色がつくまで弱火でじっくりと焼く。

② ボウルに①、Aを入れて、よく和える。

☑ 料理＆栄養メモ

さっぱりとした白菜に、じっくり焼き色をつけたジューシーなベーコンで風味をつけた、和風味のコールスローです。

セロリのマスタードビネガーサラダ

1人あたり 127 kcal

材料（2〜3人分）

セロリ --- 2本（200g）
生ハム --- 6枚

A
塩、粗挽き黒こしょう --- 各少々
はちみつ --- 小さじ1
白ワインビネガー --- 大さじ1
粒マスタード --- 小さじ2
オリーブオイル --- 大さじ2

作り方

① セロリは筋を取って6cm長さに切り、薄切りにする。生ハムは6cm長さの薄切りにする。

② ボウルに①、Aを入れてよく和える。冷蔵庫で1時間以上冷やす。

☑ 料理＆栄養メモ

セロリは、独特のシャキシャキとした食感を残してサラダ全体に食べごたえを出したいので、大きめの長さに切ります。

れんこんのガーリックペッパーサラダ

1人あたり
145
kcal

材料（2〜3人分）

れんこん --- 250g
にんにく --- 2片(12g)
酒 --- 大さじ2
塩 --- 小さじ1/4
粗挽き黒こしょう --- 小さじ1
オリーブオイル --- 大さじ2
レモン（1/6のくし切り）--- 適量

作り方

① れんこんは皮をむいて2mm幅の輪切りにし、水をはったボウルに5分ほどさらして水けをきる。にんにくは薄切りにする（真ん中に芯がある場合は、爪楊枝で取る）。

② フライパンにオリーブオイルをひき、①のにんにくを弱火で炒める。にんにくに薄く焼き色がついたら取り出し、れんこんを入れて中火で炒める。れんこんに焼き色がついたら酒をふり、塩と粗挽き黒こしょうで味をととのえる。にんにくを戻し入れてかるく和え、皿に盛ってレモンをしぼる。

☑ **料理 & 栄養メモ**

れんこんはこんがりと焼き色がつくまでしっかり焼き、甘みを引き出します。レモンの酸味と香ばしいにんにくが相性◎。

ピーマンのガーリックバターサラダ

1人あたり
72
kcal

材料（2〜3人分）

ピーマン --- 6個
にんにく --- 1片(6g)
赤とうがらし --- 1本
塩昆布 --- 5g
しょうゆ --- 小さじ2
バター --- 20g

作り方

① ピーマンは種を取り除き、太めの千切りにする。にんにくはすりおろす。赤とうがらしは種を取り除き、輪切りにする。

② フライパンにバターを溶かし、①のピーマン、赤とうがらし、塩昆布を入れて中火で炒める。ピーマンがしんなりとしてきたら、①のにんにくを入れて、しょうゆで味つけする。

☑ **料理 & 栄養メモ**

ピーマンの苦みはバターで炒めることでやさしい味わいになります。塩昆布を入れて、食べ慣れた落ち着く味つけに。

ブロッコリーの
アンチョビマヨサラダ

1人あたり
93 kcal

材料（2〜3人分）

ブロッコリー --- 2株(300g)
Ⓐ
　にんにく --- 1/2片(3g)
　アンチョビフィレ --- 1本
　牛乳 --- 大さじ1
　マヨネーズ --- 大さじ2
粗挽き黒こしょう --- 少々

作り方

① ブロッコリーは小房に分け、鍋に塩少々（分量外）を入れたお湯を用意し、2分ほどゆでてザルにあげる。にんにくはすりおろし、アンチョビフィレはみじん切りにして、Ⓐの調味料と合わせておく。

② 皿に①のブロッコリーを並べて、粗挽き黒こしょうをふったⒶを添える。小皿にブロッコリーを取り、Ⓐをかけて食べる。

☑ 料理 & 栄養メモ　新鮮なブロッコリーに、アンチョビフィレ入りの特製マヨをかけて食べるシンプルなサラダ。ブロッコリーにはガン予防に効果的なスルフォラファンが含まれています。

タンドリーカリフラワーサラダ

1人あたり
72 kcal

材料（2〜3人分）

カリフラワー --- 1株(400g)
Ⓐ
　にんにく --- 1片(6g)
　しょうが --- 1片(6g)
　ヨーグルト（無糖）--- 大さじ4
　ケチャップ --- 大さじ2
　カレー粉 --- 大さじ1
　パプリカパウダー（なくても可）
　　--- 小さじ1
　塩、粗挽き黒こしょう
　　--- 各小さじ1/4
パルメザンチーズ（粉末）--- 適量

作り方

① カリフラワーは小房に分ける。にんにく、しょうがはそれぞれすりおろし、Ⓐの調味料と合わせておく。オーブンは200℃に予熱しておく。

② チャックつき保存袋に①のカリフラワー、Ⓐを入れてよくもみ込み、冷蔵庫で20分以上漬け込む。

③ オーブンシートをしいた天板に②を並べ、オーブンで20〜25分ほど焼き色がつくまで焼く。器に盛り、パルメザンチーズをふりかける。

☑ 料理 & 栄養メモ　パパッと作れるように、カレー粉で簡単に仕上げました。ガラムマサラやクミンのスパイスを取り入れて、さらに本格的な味わいに仕上げてもおいしいです。

ズッキーニのローズマリーマリネ

1人あたり
145
kcal

材料（2〜3人分）

ズッキーニ --- 2本
Ⓐ ┃ ローズマリー --- 2枝
　┃ はちみつ --- 大さじ1
　┃ 白ワインビネガー --- 大さじ4
　┃ オリーブオイル --- 大さじ1と1/2
　┃ 塩、粗挽き黒こしょう --- 各小さじ1/4
サラダ油 --- 適量

作り方

① ズッキーニはヘタを取り、縦4等分に切る。Ⓐは混ぜ合わせておく。フライパンにサラダ油を3cm深さほど入れて、170℃に温める。ズッキーニを1〜1分半ほど素揚げし、ペーパータオルをしいたバットにあげて余分な油をきる。

② ボウルで①、Ⓐを和え、冷蔵庫で2時間以上冷やす。

☑ 料理 & 栄養メモ

ズッキーニは、素揚げしてくたっとさせてからマリネにしたほうが、味が染み込み、噛むとじゅわっと口に広がります。

白いんげん豆とディルのサラダ

1人あたり
79
kcal

材料（2〜3人分）

白いんげん豆（水煮）--- 100g
ディル（葉）--- 2枝
Ⓐ ┃ りんご酢 --- 小さじ2
　┃ ごま油 --- 小さじ2
　┃ 塩、粗挽き黒こしょう --- 各少々

作り方

① 白いんげん豆は水けをしっかりときる。

② ボウルに①、ディル、Ⓐを入れて和える。

☑ 料理 & 栄養メモ

ごま油の風味と、りんご酢の酸みが意外な組み合わせです。白いんげん豆のやわらかな食感と上品な見た目を楽しんで。

ピーナッツマッシュパンプキン

1人あたり
166
kcal

材料（2〜3人分）

かぼちゃ --- 350g
ピーナッツバター
　--- 大さじ1と1/2
牛乳 --- 大さじ2
アーモンドスライス --- 適量

作り方

① かぼちゃは種とワタを取り除き、ラップでしっかりと包んで600Wの電子レンジで3分ほど加熱する。やけどに注意しながら取り出し、皮をむいて一口大に切り、再度ラップで包んで5〜6分ほど加熱する（かたい場合は、やわらかくなるまで追加で1分ずつ加熱する）。

② ①をボウルに入れてヘラなどでつぶし、人肌まで冷めたらピーナッツバター、牛乳を入れて和える。器に盛り、アーモンドスライスをのせる。

☑ 料理 & 栄養メモ

マッシュしたかぼちゃにピーナッツバターをしっかりと和えることで、かぼちゃの甘さとの相性が楽しめます。

マッシュルームの明太マヨサラダ

1人あたり
37
kcal

材料（2〜3人分）

マッシュルーム（ホワイト）--- 8個
明太子 --- 1/2腹(40g)
マヨネーズ --- 小さじ2

作り方

① マッシュルームは水で湿らせた布巾で表面の汚れをふき、薄切りにする。

② 明太子は薄皮をむいて身をほぐし、マヨネーズと混ぜ合わせる。

③ 皿に①を盛り、②をたっぷりかける。

☑ 料理 & 栄養メモ

マッシュルームは酸化するスピードがはやいので、食べる直前に薄切りし、明太ソースをたっぷりかけて食べましょう。

豆もやしのアジアナムル

1人あたり 55 kcal

材料（2～3人分）

豆もやし --- 1パック（200g）

A
- 鶏がらスープの素（顆粒） --- 小さじ1/2
- ナンプラー --- 小さじ2
- 豆板醤 --- 小さじ1/2
- ラー油 --- 小さじ1/2
- ごま油 --- 大さじ1

作り方

① 鍋に塩少々（分量外）を入れたお湯を用意し、豆もやしを1～1分半ほどゆで、ザルにあげて水けをきる。

② ボウルに①、Ⓐを入れて和える。

✅ 料理 & 栄養メモ

ナンプラーとごま油を合わせて使うことで、お手軽にアジアン風味のナムルに大変身。辛さをプラスしておつまみにも。

焼きごぼうのキムチサラダ

1人あたり 98 kcal

材料（2～3人分）

ごぼう --- 1と1/3本（200g）
しょうが --- 2片（12g）
キムチ --- 50g
オイスターソース --- 大さじ1
塩 --- 少々
いりごま（黒） --- 小さじ1/2
ごま油 --- 大さじ1

作り方

① ごぼうは太めの斜め切りにする。しょうがは千切りにする。

② フライパンにごま油をひき、①を中火で炒める。ごぼうがしんなりとしてきたら、オイスターソースを加えて味つけし、塩をふる。火をとめてキムチを入れて和え、器に盛り、いりごまをふりかける。

✅ 料理 & 栄養メモ

ごぼうは、よく炒めると口のなかでホクホクとした食感と味わいになります。キムチの辛さで、味全体を引き締めます。

枝豆と桜えびのかつお節サラダ

1人あたり
94 kcal

材料（2〜3人分）

枝豆（むき身）--- 100g
桜えび --- 大さじ1（5g）
花椒 --- 小さじ1/2
Ⓐ しょうゆ --- 小さじ2
　 かつお節 --- 1パック（2g）
　 ごま油 --- 大さじ1

作り方

① 枝豆はたっぷりのお湯で3〜4分ほどゆで、ザルにあげてさやから取り出し、薄皮をはがす。桜えびは粗めのみじん切りにする。花椒はミルで削る。

② ボウルに①、Ⓐを入れて、よく和える。

☑ 料理 & 栄養メモ

桜えびは粗みじん切りにして、枝豆全体に味をからませます。かつお節を1パック使っているので、旨みたっぷりです。

いんげんの台湾風サラダ

1人あたり
82 kcal

材料（2〜3人分）

いんげん --- 15本
ザーサイ（市販・瓶詰）--- 20g
砂糖 --- 小さじ1
オイスターソース --- 小さじ2
Ⓐ 豆板醤 --- 小さじ1/2
　 五香粉 --- 小さじ1/3
　 ごま油 --- 小さじ2
すりごま（白）--- 大さじ2

作り方

① いんげんはヘタを切り、斜めに切る。鍋に塩少々（分量外）を入れたたっぷりのお湯を用意し、2分ほどゆでてザルにあげる。ザーサイはみじん切りにする。

② ボウルに①、Ⓐを入れて和えたら、すりごまを加えてさっと和える。

☑ 料理 & 栄養メモ

いんげんは歯ごたえを残したほうが楽しいので、ゆですぎないように注意しましょう。ザーサイの食感もアクセントに。

アスパラのディルタルタルサラダ

1人あたり 81 kcal

材料（2〜3人分）

アスパラガス --- 8本
A ┃ ディル（葉）--- 2枝
　┃ ゆで卵（P.046参照）--- 1個
　┃ マヨネーズ --- 大さじ1と1/2
　┃ 塩、粗挽き黒こしょう --- 各少々

作り方

① アスパラガスは根元を切り落とし、下から1/3部分の皮をピーラーでむく。鍋に塩少々（分量外）を入れたたっぷりのお湯で1分半ほどゆでてザルにあげる。

② ディルはみじん切りにする。P.046を参考に固ゆでのゆで卵を作る。白身はみじん切りにし、黄身はフォークなどでつぶして、Ⓐの調味料と混ぜ合わせる。

③ 皿に①のアスパラガスを並べ、②をたっぷりのせる。

☑ 料理 & 栄養メモ

シンプルな具材で作るタルタルは、卵の食感が残る程度に粗みじん切りにすると、食べごたえが増して食事感が出ます。

里芋の和風マッシュサラダ

1人あたり 143 kcal

材料（2〜3人分）

里芋（小）--- 7個（280g）
ツナ缶（水煮）--- 1缶（約75g）
A ┃ しょうゆ --- 小さじ1
　┃ みそ --- 小さじ1
　┃ すりごま（白）--- 小さじ2
　┃ マヨネーズ --- 大さじ2

作り方

① 里芋は皮をむき、塩少々（分量外）をふりかけて粘けを取り、流水でぬめりを取りながら洗う。たっぷりのお湯で10〜12分ほどゆで、竹串がすっと通ったらザルにあげて、熱いうちにつぶす。

② ボウルに①、水けをきったツナ、Ⓐを入れてよく和える。

☑ 料理 & 栄養メモ

マッシュした里芋はもちもち感が増して美味。里芋のガラクタンは脳細胞の活性化を助け、ボケ防止などに効果的です。

トマトとカマンベールチーズのおかか和え

1人あたり 85 kcal

材料（2～3人分）
トマト･･･1個（100g）
カマンベールチーズ･･･3切れ（60g）
Ⓐ｜しょうゆ･･･小さじ2
　｜かつお節･･･1/2パック（1g）
　｜ごま油･･･小さじ1

作り方
① トマトは縦8等分のくし切りにする。カマンベールチーズは食べやすい大きさに切る。
② 皿に①を盛り、Ⓐを回しかける。

☑ 料理 & 栄養メモ
カマンベールチーズとかつお節という洋と和の組み合わせは、旨みも強く相性も抜群！ 食材が少なく作りやすいのも◎。

オクラのすりごまみそサラダ

1人あたり 67 kcal

材料（2～3人分）
オクラ･･･12本
ピーナッツ･･･大さじ2
Ⓐ｜しょうが･･･1片（6g）
　｜みそ･･･大さじ1と1/2
　｜豆乳（無調整）･･･大さじ1
　｜すりごま（白）･･･大さじ1

作り方
① オクラは塩少々（分量外）をふりかけてまな板にこすりつけ、産毛が取れたら水洗いをする。たっぷりのお湯で2分ほどゆで、ザルにあげて水けをきり、縦半分に切る。ピーナッツは粗めにくだく。しょうがはみじん切りにして、Ⓐの調味料と合わせておく。
② ボウルに①、Ⓐを入れて、和える。

☑ 料理 & 栄養メモ
オクラに含まれるムチンは、胃炎予防に効果的です。粗めにくだいたピーナッツが、サラダの食感の決め手になります。

4種きのこで作るいろいろサラダ

※1本または1パック当たりのg数の目安：エリンギ1本＝50g、しめじとまいたけはともに1パック＝100g

ハーブビネガーサラダ

1人あたり 122 kcal

材料（2〜3人分）

エリンギ --- 1本	しょうゆ --- 小さじ2
しいたけ --- 4枚	はちみつ --- 小さじ2
しめじ --- 1パック	Ⓐ バルサミコ酢 --- 大さじ3
まいたけ --- 1パック	オリーブオイル --- 大さじ2
	ローズマリー --- 1枝
	塩、粗挽き黒こしょう --- 各少々

作り方

① エリンギは横半分に切り、縦に2mm幅に切る。しいたけは軸を切り、2mm幅の薄切りにする。しめじは石づき、まいたけは軸を切り、小房に分ける。

② たっぷりのお湯に①を入れて1分ほどゆでたら、ザルにあげて水けをきる。

③ 別の鍋にⒶを入れて一煮立ちさせ、人肌まで冷めたら②を入れて合わせる。保存容器に移し、冷蔵庫で1時間以上冷やす。

☑ 料理 & 栄養メモ

香り高いローズマリーで漬け込んだ風味のよいサラダ。長く漬けると風味が強くなりすぎてしまうので注意しましょう。

和風マリネ

1人あたり 84 kcal

材料（2〜3人分）

エリンギ --- 1本	しょうが --- 2片（12g）
しいたけ --- 4枚	Ⓐ ポン酢 --- 大さじ4
しめじ --- 1パック	いりごま（白） --- 大さじ1
まいたけ --- 1パック	ごま油 --- 大さじ1

作り方

① エリンギは横半分に切り、縦に2mm幅に切る。しいたけは軸を切り、2mm幅の薄切りにする。しめじは石づき、まいたけは軸を切り、小房に分ける。しょうがはみじん切りにしてⒶと合わせておく。

② たっぷりのお湯に①のきのこ類を入れて1分ほどゆでたら、ザルにあげて水けをきる。

③ 保存容器に②、Ⓐを入れて混ぜ合わせる。冷蔵庫で1時間以上冷やす。

☑ 料理 & 栄養メモ

ポン酢とごま油の食べ慣れた味つけに、しょうがを効かせています。夏バテ気味や食欲がないときにもおすすめです。

季節を問わず手に入りやすいきのこ類は、毎日の献立の味方！
4種類のきのこで作る、いろいろなサラダを楽しみましょう。

ハニーナンプラーサラダ

1人あたり **73** kcal

材料（2〜3人分）

- エリンギ･･･1本
- しいたけ･･･4枚
- しめじ･･･1パック
- まいたけ･･･1パック

A
- にんにく･･･1片（6g）
- 赤とうがらし･･･1本
- はちみつ･･･大さじ1
- レモン汁･･･大さじ2
- ナンプラー･･･大さじ2
- ごま油･･･小さじ2

作り方

① エリンギは横半分に切り、縦に2mm幅に切る。しいたけは軸を切り、縦4等分に切る。しめじは石づき、まいたけは軸を切り、小房に分ける。にんにくはみじん切りにし、赤とうがらしは種を取り除いて輪切りにして、それぞれⒶと合わせておく。

② たっぷりのお湯に①のきのこ類を入れて1分ほどゆでたら、ザルにあげて水けをきる。

③ ②、Ⓐを合わせ、冷蔵庫で1時間以上冷やす。

 料理 & 栄養メモ

レモンの酸みとナンプラーを組み合わせてあっさり味に。よく冷やしてから食べると、味が染みておいしいです。

韓国ナムル

1人あたり **105** kcal

材料（2〜3人分）

- エリンギ･･･1本
- しいたけ･･･4枚
- しめじ･･･1パック
- まいたけ･･･1パック

A
- にんにく･･･1片（6g）
- しょうゆ、いりごま（白）･･･各大さじ1
- 米酢、ごま油･･･各大さじ2
- 鶏がらスープの素（顆粒）･･･小さじ1
- 豆板醤･･･小さじ1

作り方

① エリンギは横半分に切り、縦に2mm幅に切る。しいたけは軸を切り、縦4等分に切る。しめじは石づき、まいたけは軸を切り、小房に分ける。にんにくはみじん切りにしてⒶと合わせておく。

② たっぷりのお湯に①のきのこ類を入れて1分ほどゆでたら、ザルにあげて水けをきる。

③ ボウルに②、Ⓐを入れて合わせる。冷蔵庫で1時間以上冷やす。

料理 & 栄養メモ

豆板醤のピリ辛風味を楽しみたいときは、クセのないきのこが相性抜群！ おつまみにも最適なのでお酒のおともにも。

素材別INDEX

———————— 肉類 ————————

▷ **牛こま切れ肉**
牛肉とミニトマトのバルサミコサラダ ………… 043
揚げれんこんと牛しぐれのサラダ ……………… 089
牛肉ときくらげの甘辛チャプチェサラダ ……… 146

▷ **牛ステーキ肉**
グリルステーキの
　わさびマスカルポーネサラダ ……………… 042

▷ **牛肉（切り落とし）**
プルコギサラダ ……………………………………… 145

▷ **牛ひき肉**
牛そぼろとわかめのサムジャンサラダ ………… 139

▷ **牛豚合挽き肉**
タコライス風温玉サラダ ………………………… 040
にんにくの芽とひき肉のサラダ ………………… 144

▷ **牛もも肉**
春菊と牛たたきのすだちサラダ ………………… 088

▷ **牛もも肉かたまり**
メロンとローストビーフのサラダ ……………… 176

▷ **牛ロース肉**
牛しゃぶとアボカドの和風ごちそうサラダ …… 090
クレソンと牛肉のヤムヌアサラダ ……………… 116

▷ **砂肝**
焼きねぎと砂肝のゆずこしょうサラダ ………… 086

▷ **鶏ささみ**
かぶと白いんげん豆のミントバターサラダ …… 013
野沢菜とささみのねぎ塩サラダ ………………… 078
みそ漬けささみと白菜のサラダ ………………… 079
バンバンジーサラダ ……………………………… 150

▷ **鶏手羽中**
ごぼうと手羽中の甘辛ホットサラダ …………… 087

▷ **鶏手羽元**
さつまいもと手羽元のグリルチーズサラダ …… 034

▷ **鶏ひき肉**
キャベツと焼きつくねのお月見サラダ ………… 082
ブロッコリーと塩そぼろのあんかけサラダ …… 084
具だくさんガパオサラダ ………………………… 120

▷ **鶏むね肉**
5種の具だくさんコブサラダ …………………… 022
ヤングコーンと鶏肉のクミンサラダ …………… 115
パクチー油淋鶏サラダ …………………………… 148

▷ **鶏もも肉**
れんこんとエリンギのジェノバサラダ ………… 020
チキン南蛮風タルタルサラダ …………………… 030
ナポリ風カポナータサラダ ……………………… 032
カマンベールチーズのグリルチキンサラダ …… 033
黒ごまチキンと九条ねぎのサラダ ……………… 076
彩り野菜と竜田揚げのゆずサラダ ……………… 080
レモン照り焼きチキンのサラダ ………………… 081
ケイジャンチキンサラダ ………………………… 114
スイートチリチキンのエスニックサラダ ……… 124
チーズタッカルビ風レタスサラダ ……………… 151
なすとヤンニョムチキンの甘辛サラダ ………… 152

▷ **豚肩ロース肉（薄切り）**
にんじんとローストポークの雑穀サラダ ……… 039
薬味たっぷり！しょうが焼きサラダ …………… 094

▷ **豚カルビ肉**
デジカルビとキムチの豪快サラダ ……………… 138

▷ **豚こま切れ肉**
豚肉と高菜の明太ホットサラダ ………………… 093
キウイと豚肉のココナッツサラダ ……………… 172

▷ **豚バラ肉**
ヤングコーンと豚肉のトマトチリサラダ ……… 038

▷ **豚バラ肉かたまり**
ポッサムの薬味サラダ …………………………… 136
サムギョプサルの巻きサラダ …………………… 142

▷ **豚ひき肉**
ミントミートボールとブロッコリーのサラダ … 036
肉みそもやしの温玉サラダ ……………………… 085
レタスと台湾風そぼろのサラダ ………………… 123
グリーンカレーそぼろのヤムウンセン ………… 126
もやしと豚そぼろのすりごま花椒サラダ ……… 141
白ごまたっぷり！担々キャベツサラダ ………… 170

▷ **豚ロース肉（しゃぶしゃぶ用）**
豚しゃぶとなすの明太おろしサラダ …………… 091
長芋とめかぶの豚しゃぶサラダ ………………… 092
ムーマナオ ………………………………………… 128
エゴマの葉と豚しゃぶの旨塩サラダ …………… 140

▷ **豚ロース肉（とんかつ用）**
たけのこ厚切りポークのオリエンタルサラダ … 119

▷ **やげん軟骨**
キャベツと焼きつくねのお月見サラダ ………… 082

▷ **ラム肉**
パクチーラムサラダ ……………………………… 118

———————— 加工品（肉類） ————————

▷ **サラミ**
ひよこ豆とパセリのフレンチサラダ …………… 026

ガーリックトーストのパンツァネッラサラダ ･･･ 045

▷ **チョリソー**
里芋とチョリソーの粒マスタードサラダ ･･･････ 029

▷ **生ハム**
マッシュルームとルッコラのレモンサラダ ･･････ 010
紫玉ねぎと生ハムのマリネ ･････････････････ 025
水菜の生ハム巻き ･････････････････････････ 116
セロリのマスタードビネガーサラダ ･････････ 186

▷ **ハム**
山盛り辛ねぎとザーサイのハムサラダ ･･･････ 167

▷ **ベーコン（スライス、ブロック）**
焼きキャベツとベーコンの
　バーニャカウダサラダ ･･････････････････ 015
トルコ風なすの肉詰めサラダ ･････････････ 016
シーザーサラダ ･････････････････････････ 024
芽キャベツとじゃがいもの
　アンチョビバターサラダ ･･････････････ 028
キャベツとあさりの酒蒸しサラダ ･････････ 072
ツナドライカレーのレタス巻き ･････････････ 131
白菜の和風コールスロー ･････････････････ 186

──────── 魚 介 類 ────────

▷ **あさり**
キャベツとあさりの酒蒸しサラダ ･････････ 072

▷ **いか**
いかとラディッシュの海鮮サラダ ･･･････････ 050

▷ **えび（無頭、有頭、殻なし、むきえび）**
えびアボカドの明太マカロニサラダ ･･･････ 046
レモンガーリックシュリンプサラダ ･･･････ 048
トムヤムクン風柑橘サラダ ･･････････････ 112
グリーンカレーそぼろのヤムウンセン ･･･････ 126
えびチリサラダ ･･･････････････････････ 154

▷ **牡蠣（加熱用）**
牡蠣とわさび菜の和風サラダ ･･･････････ 073

▷ **かじき**
かじきチーズフライの彩りサラダ ･･･････ 054

▷ **サーモン**
サーモンのセビーチェ ･･･････････････ 052

▷ **桜えび**
たたききゅうりとパクチーのさっぱり塩サラダ ･･･ 098
水菜と桜えびの四川風サラダ ･･････････ 161
枝豆と桜えびのかつお節サラダ ･･･････ 193

▷ **さけ（切り身）**
中華風さけの南蛮サラダ ･･････････････ 157

▷ **さば**
揚げさばのトルコ風サラダ ･･･････････ 130

▷ **さんま**
春菊と揚げさんまのキムチサラダ ･･････････ 156

▷ **白子**
しいたけと白子のポン酢バターサラダ ･･･････ 070

▷ **しらす**
しらすとレタスのペペロンチーノサラダ ･･･ 051
かいわれ大根としらすの黒酢ジュレサラダ ･････ 068

▷ **たい**
クレソンと白身魚のフェ ･･･････････････ 158

▷ **たこ（ボイル）**
たことセロリのわさびマヨサラダ ･････････ 069

▷ **たら**
大根と塩麹マヨたらの甘辛サラダ ･･･････ 067

▷ **ぶり**
ぶりと水菜のハリハリサラダ ･････････････ 066

▷ **ほたて**
グレープフルーツとほたてのマリネ ･････････ 175

▷ **まぐろ**
ハワイ風ポキサラダ ･･･････････････････ 055

──────── 加工品（魚介類）────────

▷ **あじ（干物）**
あじの干物とひじきのガーリックサラダ ･･･････ 064
ディルとあじのベトナム風サラダ ･･････････ 129

▷ **いかくんせい**
たことセロリのわさびマヨサラダ ･････････ 069

▷ **いくら（しょうゆ漬け）**
牛しゃぶとアボカドの和風ごちそうサラダ ･･････ 090

▷ **カニカマ**
たらことカニカマのカルボナーラ風スパサラ 049
まいたけとじゃがいものゆずマヨサラダ ･･･････ 107

▷ **シーフードミックス（冷凍）**
具だくさん！海鮮あんかけサラダ ･･････････ 162

▷ **スモークサーモン**
サーモンとマンゴーのヤムサラダ ･･････････ 128

▷ **たらこ**
たらことカニカマのカルボナーラ風スパサラ ･･･ 049

▷ **ちくわ**
セリと磯部ちくわのサラダ ･･････････････ 105

▷ **とびっこ**
ほたてと大根のとびっこサラダ ･･･････････ 074
グレープフルーツとほたてのマリネ ･････････ 175

▷ **干しえび**
青パパイヤのソムタムサラダ ･･･････････ 117

199

まいたけと干しえびの中華風サラダ ……………… 160

▷ **ほたて缶（水煮）**
ほたてと大根のとびっこサラダ ……………… 074

▷ **明太子**
豚しゃぶとなすの明太おろしサラダ ………… 091
豚肉と高菜の明太ホットサラダ ……………… 093
白菜と豆腐の明太チゲサラダ ………………… 171
マッシュルームの明太マヨサラダ …………… 191

―――― 海藻、海藻の加工品 ――――

▷ **塩昆布**
たたききゅうりとパクチーのさっぱり塩サラダ … 098
ゴーヤとキャベツの塩昆布サラダ …………… 099
納豆とキャベツの昆布マヨサラダ …………… 102
クレソンの塩昆布サラダ ……………………… 184
ピーマンのガーリックバターサラダ ………… 187

▷ **とろろ昆布**
長芋とめかぶの豚しゃぶサラダ ……………… 092

▷ **のりの佃煮**
千切り根菜とツナののりマヨサラダ ………… 074

▷ **めかぶ**
長芋とめかぶの豚しゃぶサラダ ……………… 092

▷ **芽ひじき**
あじの干物とひじきのガーリックサラダ …… 064
枝豆とひじきの梅肉サラダ …………………… 108

▷ **わかめ**
長芋とめかぶの豚しゃぶサラダ ……………… 092
牛そぼろとわかめのサムジャンサラダ ……… 139

――――――― 野 菜 ―――――――

▷ **青パパイヤ**
青パパイヤのソムタムサラダ ………………… 117

▷ **アスパラガス**
アスパラとかぼちゃのゴルゴンゾーラサラダ … 014
えびアボカドの明太マカロニサラダ ………… 046
アスパラのディルタルタルサラダ …………… 194

▷ **いんげん**
ごぼうと手羽中の甘辛ホットサラダ ………… 087
揚げいんげんとオクラの豆豉サラダ ………… 169
いんげんの台湾風サラダ ……………………… 193

▷ **エゴマの葉**
エゴマの葉と豚しゃぶの旨塩サラダ ………… 140
サムギョプサルの巻きサラダ ………………… 142

▷ **枝豆**
ひよこ豆とパセリのフレンチサラダ ………… 026

枝豆とひじきの梅肉サラダ …………………… 108
枝豆と桜えびのかつお節サラダ ……………… 193

▷ **大葉**
しらすとレタスのペペロンチーノサラダ …… 051
黒ごまチキンと九条ねぎのサラダ …………… 076
薬味たっぷり！しょうが焼きサラダ ………… 094
かぶと4種薬味の梅麹サラダ ………………… 100
ポッサムの薬味サラダ ………………………… 136
クレソンと白身魚のフェ ……………………… 158

▷ **オクラ**
納豆とモロヘイヤのネバネバ春雨サラダ …… 102
アボカドとなめこの和風みそサラダ ………… 106
トムヤムクン風柑橘サラダ …………………… 112
オクラとサラダチキンの
　　ピーナッツバターサラダ ………………… 125
揚げいんげんとオクラの豆豉サラダ ………… 169
オクラのすりごまみそサラダ ………………… 195

▷ **かいわれ大根**
かいわれ大根としらすの黒酢ジュレサラダ … 068
豚しゃぶとなすの明太おろしサラダ ………… 091
いぶりがっこと味玉のポテサラ ……………… 096
サムギョプサルの巻きサラダ ………………… 142
クレソンと白身魚のフェ ……………………… 158
具だくさん！海鮮あんかけサラダ …………… 162

▷ **かぶ**
かぶと白いんげん豆のミントバターサラダ … 013
かぶと4種薬味の梅麹サラダ ………………… 100

▷ **かぼちゃ**
アスパラとかぼちゃのゴルゴンゾーラサラダ … 014
ピーナッツマッシュパンプキン ……………… 191

▷ **カリフラワー**
ポテトとカリフラワーのスイートチリサラダ … 021
タンドリーカリフラワーサラダ ……………… 188

▷ **九条ねぎ**
黒ごまチキンと九条ねぎのサラダ …………… 076

▷ **空芯菜**
空芯菜と豆苗のにんにくサラダ ……………… 168

▷ **キャベツ**
焼きキャベツとベーコンの
　　バーニャカウダサラダ …………………… 015
キャベツとあさりの酒蒸しサラダ …………… 072
キャベツと焼きつくねのお月見サラダ ……… 082
ゴーヤとキャベツの塩昆布サラダ …………… 099
納豆とキャベツの昆布マヨサラダ …………… 102
チーズタッカルビ風レタスサラダ …………… 151
白ごまたっぷり！担々キャベツサラダ ……… 170

▷ **きゅうり**
ひよこ豆とパセリのフレンチサラダ ………… 026

たらことカニカマのカルボナーラ風スパサラ ···· 049
いかとラディッシュの海鮮サラダ ················· 050
サーモンのセビーチェ ······················· 052
大根と塩麹マヨたらの甘辛サラダ ············· 067
たことセロリのわさびマヨサラダ ············· 069
野沢菜とささみのねぎ塩サラダ ··············· 078
梅おかかディップのスティック野菜サラダ ···· 097
たたききゅうりとパクチーのさっぱり塩サラダ ··· 098
たけのこと厚揚げのしょうがサラダ ··········· 104
クレソンと牛肉のヤムヌアサラダ ············· 116
グリーンカレーそぼろのヤムウンセン ········· 126
ディルとあじのベトナム風サラダ ············· 129
牛そぼろとわかめのサムジャンサラダ ········· 139
プルコギサラダ ····························· 145
バンバンジーサラダ ························· 150
カリカリ油揚げのチョレギサラダ ············· 166

▷ **グリーンカール**
れんこんとエリンギのジェノバサラダ ········· 020
とうもろこしとサルサチキンのサラダ ········· 035
タコライス風温玉サラダ ····················· 040
グリルステーキのわさびマスカルポーネサラダ ··· 042
しらすとレタスのペペロンチーノサラダ ········· 051
ケイジャンチキンサラダ ····················· 114
プルコギサラダ ····························· 145
なすとヤンニョムチキンの甘辛サラダ ········· 152

▷ **クレソン**
焼きねぎと砂肝のゆずこしょうサラダ ········· 086
クレソンと春菊の和風サラダ ················· 109
クレソンと牛肉のヤムヌアサラダ ············· 116
クレソンと白身魚のフェ ····················· 158
いちごとクレソンのカッテージチーズサラダ ···· 178
金柑とパクチーのサラダ ····················· 180
クレソンの塩昆布サラダ ····················· 184

▷ **紅芯大根**
牛しゃぶとアボカドの和風ごちそうサラダ ······ 090

▷ **小ねぎ**
しいたけと白子のポン酢バターサラダ ········· 070
キャベツと焼きつくねのお月見サラダ ········· 082
春菊と牛たたきのすだちサラダ ··············· 088
豚肉と高菜の明太ホットサラダ ··············· 093
まいたけとじゃがいものゆずマヨサラダ ········· 107
レタスと台湾風そぼろのサラダ ··············· 123
ディルとあじのベトナム風サラダ ············· 129
エゴマの葉と豚しゃぶの旨塩サラダ ··········· 140
なすとヤンニョムチキンの甘辛サラダ ········· 152
中華風きんぴらごぼうサラダ ················· 165

▷ **ゴーヤ**
ゴーヤとキャベツの塩昆布サラダ ············· 099

▷ **ごぼう**
千切り根菜とツナののりマヨサラダ ··········· 074

ごぼうと手羽中の甘辛ホットサラダ ············· 087
中華風きんぴらごぼうサラダ ··················· 165
焼きごぼうのキムチサラダ ····················· 192

▷ **小松菜**
オレンジと小松菜のカリカリサラダ ············· 174

▷ **さつまいも**
さつまいもと手羽元のグリルチーズサラダ ······ 034

▷ **里芋**
里芋とチョリソーの粒マスタードサラダ ········· 029
里芋の和風マッシュサラダ ····················· 194

▷ **サニーレタス**
ミントミートボールとブロッコリーのサラダ ··· 036
タコライス風温玉サラダ ······················· 040
牛肉とミニトマトのバルサミコサラダ ········· 043
レモン照り焼きチキンのサラダ ··············· 081
長芋とめかぶの豚しゃぶサラダ ··············· 092
スイートチリチキンのエスニックサラダ ········· 124
エゴマの葉と豚しゃぶの旨塩サラダ ··········· 140
パクチー油淋鶏サラダ ······················· 148
カリカリ油揚げのチョレギサラダ ············· 166

▷ **サラダ菜**
チキン南蛮風タルタルサラダ ················· 030
アボカドとなめこの和風みそサラダ ··········· 106
ポッサムの薬味サラダ ······················· 136
バンバンジーサラダ ························· 150

▷ **サンチュ**
ハワイ風ポキサラダ ························· 055
大根と塩麹マヨたらの甘辛サラダ ············· 067
たけのこと厚揚げのしょうがサラダ ··········· 104
牛そぼろとわかめのサムジャンサラダ ········· 139
サムギョプサルの巻きサラダ ················· 142

▷ **じゃがいも**
ポテトとカリフラワーのスイートチリサラダ ···· 021
芽キャベツとじゃがいもの
　　　アンチョビバターサラダ ··············· 028
コンビーフとローズマリーの
　　　ジャーマンポテトサラダ ··············· 044
いぶりがっこと味玉のポテサラ ··············· 096
まいたけとじゃがいものゆずマヨサラダ ········· 107
ヤングコーンと鶏肉のクミンサラダ ··········· 115
りんごと栗のポテサラ ······················· 183

▷ **春菊**
春菊と牛たたきのすだちサラダ ··············· 088
クレソンと春菊の和風サラダ ················· 109
春菊と揚げさんまのキムチサラダ ············· 156

▷ **スナップえんどう**
みそ漬けささみと白菜のサラダ ··············· 079
具だくさん！海鮮あんかけサラダ ············· 162

▷ **ズッキーニ**
ナポリ風カポナータサラダ ‥‥‥‥‥‥‥ 032
ズッキーニのローズマリーマリネ ‥‥‥‥ 190

▷ **セリ**
セリと磯部ちくわのサラダ ‥‥‥‥‥‥‥ 105

▷ **セロリ**
紫玉ねぎと生ハムのマリネ ‥‥‥‥‥‥‥ 025
グリルステーキのわさびマスカルポーネサラダ ‥ 042
いかとラディッシュの海鮮サラダ ‥‥‥‥ 050
たことセロリのわさびマヨサラダ ‥‥‥‥ 069
グリーンカレーそぼろのヤムウンセン ‥‥ 126
ムーマナオ ‥‥‥‥‥‥‥‥‥‥‥‥‥ 128
セロリのマスタードビネガーサラダ ‥‥‥ 186

▷ **そら豆**
グリルステーキのわさびマスカルポーネサラダ ‥ 042

▷ **大根**
大根と塩麹マヨたらの甘辛サラダ ‥‥‥‥ 067
かいわれ大根としらすの黒酢ジュレサラダ ‥ 068
ほたてと大根のとびっこサラダ ‥‥‥‥‥ 074
牛しゃぶとアボカドの和風ごちそうサラダ ‥ 090
豚しゃぶとなすの明太おろしサラダ ‥‥‥ 091
梅おかかディップのスティック野菜サラダ ‥ 097
プルコギサラダ ‥‥‥‥‥‥‥‥‥‥‥ 145

▷ **たけのこ（水煮）**
たけのこと厚揚げのしょうがサラダ ‥‥‥ 104
たけのこと厚切りポークのオリエンタルサラダ ‥ 119

▷ **玉ねぎ**
トルコ風なすの肉詰めサラダ ‥‥‥‥‥‥ 016
5種の具だくさんコブサラダ ‥‥‥‥‥‥ 022
ナポリ風カポナータサラダ ‥‥‥‥‥‥‥ 032
ミントミートボールとブロッコリーのサラダ ‥ 036
タコライス風温玉サラダ ‥‥‥‥‥‥‥‥ 040
コンビーフとローズマリーの
　ジャーマンポテトサラダ ‥‥‥‥‥‥‥ 044
春菊と牛たたきのすだちサラダ ‥‥‥‥‥ 088
ケイジャンチキンサラダ ‥‥‥‥‥‥‥‥ 114
レタスと台湾風そぼろのサラダ ‥‥‥‥‥ 123
ツナドライカレーのレタス巻き ‥‥‥‥‥ 131
牛そぼろとわかめのサムジャンサラダ ‥‥ 139
バンバンジーサラダ ‥‥‥‥‥‥‥‥‥ 150
チーズタッカルビ風レタスサラダ ‥‥‥‥ 151
中華風さけの南蛮サラダ ‥‥‥‥‥‥‥‥ 157

▷ **ディル**
ディルとあじのベトナム風サラダ ‥‥‥‥ 129
グレープフルーツとほたてのマリネ ‥‥‥ 175
白いんげん豆とディルのサラダ ‥‥‥‥‥ 190
アスパラのディルタルタルサラダ ‥‥‥‥ 194

▷ **豆苗**
たけのこと厚切りポークのオリエンタルサラダ ‥ 119

空芯菜と豆苗のにんにくサラダ ‥‥‥‥‥ 168

▷ **とうもろこし**
とうもろこしとサルサチキンのサラダ ‥‥ 035

▷ **トマト**
冷やしトマトのアンチョビサラダ ‥‥‥‥ 012
トルコ風なすの肉詰めサラダ ‥‥‥‥‥‥ 016
5種の具だくさんコブサラダ ‥‥‥‥‥‥ 022
とうもろこしとサルサチキンのサラダ ‥‥ 035
ヤングコーンと豚肉のトマトチリサラダ ‥ 038
サーモンのセビーチェ ‥‥‥‥‥‥‥‥‥ 052
彩り野菜と竜田揚げのゆずサラダ ‥‥‥‥ 080
レモン照り焼きチキンのサラダ ‥‥‥‥‥ 081
インドネシア風ガドガドサラダ ‥‥‥‥‥ 122
揚げさばのトルコ風サラダ ‥‥‥‥‥‥‥ 130
デジカルビとキムチの豪快サラダ ‥‥‥‥ 138
トマトとカマンベールチーズのおかか和え ‥ 195

▷ **トレビス**
牛肉とミニトマトのバルサミコサラダ ‥‥ 043
メロンとローストビーフのサラダ ‥‥‥‥ 176

▷ **長芋**
長芋とめかぶの豚しゃぶサラダ ‥‥‥‥‥ 092

▷ **長ねぎ**
野沢菜とささみのねぎ塩サラダ ‥‥‥‥‥ 078
キャベツと焼きつくねのお月見サラダ ‥‥ 082
焼きねぎと砂肝のゆずこしょうサラダ ‥‥ 086
薬味たっぷり！しょうが焼きサラダ ‥‥‥ 094
かぶと4種薬味の梅麹サラダ ‥‥‥‥‥‥ 100
ポッサムの薬味サラダ ‥‥‥‥‥‥‥‥‥ 136
牛そぼろとわかめのサムジャンサラダ ‥‥ 139
パクチー油淋鶏サラダ ‥‥‥‥‥‥‥‥‥ 148
えびチリサラダ ‥‥‥‥‥‥‥‥‥‥‥ 154
クレソンと白身魚のフェ ‥‥‥‥‥‥‥‥ 158
山盛り辛ねぎとザーサイのハムサラダ ‥‥ 167

▷ **なす**
トルコ風なすの肉詰めサラダ ‥‥‥‥‥‥ 016
ナポリ風カポナータサラダ ‥‥‥‥‥‥‥ 032
彩り野菜と竜田揚げのゆずサラダ ‥‥‥‥ 080
豚しゃぶとなすの明太おろしサラダ ‥‥‥ 091
揚げさばのトルコ風サラダ ‥‥‥‥‥‥‥ 130
なすとヤンニョムチキンの甘辛サラダ ‥‥ 152

▷ **ニラ**
パクチーラムサラダ ‥‥‥‥‥‥‥‥‥ 118
デジカルビとキムチの豪快サラダ ‥‥‥‥ 138
もやしと豚そぼろのすりごま花椒サラダ ‥ 141
具だくさん！海鮮あんかけサラダ ‥‥‥‥ 162
にんじんと切り干し大根のナムル ‥‥‥‥ 164

▷ **にんじん**
マッシュルームとルッコラのレモンサラダ ‥ 010
紫キャベツとにんじんのコールスロー ‥‥ 027

さつまいもと手羽元のグリルチーズサラダ …… 034
にんじんとローストポークの雑穀サラダ ……… 039
たらことカニカマのカルボナーラ風スパサラ … 049
千切り根菜とツナののりマヨサラダ …………… 074
梅おかかディップのスティック野菜サラダ …… 097
枝豆とひじきの梅肉サラダ …………………… 108
ディルとあじのベトナム風サラダ …………… 129
牛肉ときくらげの甘辛チャプチェサラダ …… 146
中華風さけの南蛮サラダ ……………………… 157
具だくさん！海鮮あんかけサラダ …………… 162
にんじんと切り干し大根のナムル …………… 164
中華風きんぴらごぼうサラダ ………………… 165

▷ にんにくの芽
にんにくの芽とひき肉のサラダ ……………… 144

▷ 白菜
みそ漬けささみと白菜のサラダ ……………… 079
白菜と豆腐の明太チゲサラダ ………………… 171
白菜の和風コールスロー ……………………… 186

▷ パクチー
トルコ風なすの肉詰めサラダ ………………… 016
ポテトとカリフラワーのスイートチリサラダ … 021
とうもろこしとサルサチキンのサラダ ……… 035
オイルサーディンのパクチーサラダ ………… 053
たたききゅうりとパクチーのさっぱり塩サラダ … 098
トムヤムクン風柑橘サラダ …………………… 112
青パパイヤのソムタムサラダ ………………… 117
パクチーラムサラダ …………………………… 118
スイートチリチキンのエスニックサラダ …… 124
サーモンとマンゴーのヤムサラダ …………… 128
パクチー油淋鶏サラダ ………………………… 148
えびチリサラダ ………………………………… 154
金柑とパクチーのサラダ ……………………… 180
パイナップルとパクチーのタイサラダ ……… 181

▷ パプリカ（赤・黄）
ナポリ風カポナータサラダ …………………… 032
かじきチーズフライの彩りサラダ …………… 054
彩り野菜と竜田揚げのゆずサラダ …………… 080
梅おかかディップのスティック野菜サラダ … 097
ケイジャンチキンサラダ ……………………… 114
具だくさんガパオサラダ ……………………… 120
パクチー油淋鶏サラダ ………………………… 148
中華風さけの南蛮サラダ ……………………… 157

▷ ピーマン（赤も含む）
ツナドライカレーのレタス巻き ……………… 131
牛肉ときくらげの甘辛チャプチェサラダ …… 146
ピーマンのガーリックバターサラダ ………… 187

▷ フリルレタス
ガーリックトーストのパンツァネッラサラダ … 045
ほたてと大根のとびっこサラダ ……………… 074
牛しゃぶとアボカドの和風ごちそうサラダ … 090

ヤングコーンと鶏肉のクミンサラダ ………… 115
揚げさばのトルコ風サラダ …………………… 130
中華風きんぴらごぼうサラダ ………………… 165
メロンとローストビーフのサラダ …………… 176

▷ ブロッコリー
ミントミートボールとブロッコリーのサラダ … 036
ブロッコリーと塩そぼろのあんかけサラダ … 084
ブロッコリーのアンチョビマヨサラダ ……… 188

▷ ブロッコリースプラウト
レモンガーリックシュリンプサラダ ………… 048
春菊と牛たたきのすだちサラダ ……………… 088
プルコギサラダ ………………………………… 145
グレープフルーツとほたてのマリネ ………… 175

▷ ベビーリーフ
ミントミートボールとブロッコリーのサラダ … 036
かじきチーズフライの彩りサラダ …………… 054
オクラとサラダチキンのピーナッツバターサラダ … 125
柿とルッコラのサラダ ………………………… 182

▷ ほうれん草
ほうれん草としめじのアヒージョサラダ …… 019

▷ ほうれん草（サラダ用）
マッシュルームのファルシーサラダ ………… 018
シーザーサラダ ………………………………… 024
カマンベールチーズのグリルチキンサラダ … 033
ブロッコリーと塩そぼろのあんかけサラダ … 084
デジカルビとキムチの豪快サラダ …………… 138
揚げいんげんとオクラの豆豉サラダ ………… 169

▷ 豆もやし
牛肉ときくらげの甘辛チャプチェサラダ …… 146
豆もやしのアジアナムル ……………………… 192

▷ 水菜
チキン南蛮風タルタルサラダ ………………… 030
たらことカニカマのカルボナーラ風スパサラ … 049
いかとラディッシュの海鮮サラダ …………… 050
ぶりと水菜のハリハリサラダ ………………… 066
しいたけと白子のポン酢バターサラダ ……… 070
黒ごまチキンと九条ねぎのサラダ …………… 076
揚げれんこんと牛しぐれのサラダ …………… 089
豚しゃぶとなすの明太おろしサラダ ………… 091
水菜の生ハム巻き ……………………………… 116
にんにくの芽とひき肉のサラダ ……………… 144
水菜と桜えびの四川風サラダ ………………… 161
具だくさん！海鮮あんかけサラダ …………… 162
カリカリ油揚げのチョレギサラダ …………… 166
山盛り辛ねぎとザーサイのハムサラダ ……… 167

▷ みつば
あじの干物とひじきのガーリックサラダ …… 064
野沢菜とささみのねぎ塩サラダ ……………… 078
枝豆とひじきの梅肉サラダ …………………… 108

203

なすとヤンニョムチキンの甘辛サラダ ………… 152

▷ **ミニトマト（カラフルも含む）**
タコライス風温玉サラダ ……………………… 040
牛肉とミニトマトのバルサミコサラダ ………… 043
ガーリックトーストのパンツァネッラサラダ … 045
梅おかかディップのスティック野菜サラダ …… 097
トムヤムクン風柑橘サラダ …………………… 112
青パパイヤのソムタムサラダ ………………… 117
バンバンジーサラダ …………………………… 150
いちごとクレソンのカッテージチーズサラダ … 178
ミニトマトの甘コチュ和え …………………… 184

▷ **みょうが**
ぶりと水菜のハリハリサラダ ………………… 066
薬味たっぷり！しょうが焼きサラダ ………… 094
ゴーヤとキャベツの塩昆布サラダ …………… 099
かぶと4種薬味の梅麹サラダ ………………… 100
納豆とモロヘイヤのネバネバ春雨サラダ …… 102
春菊と揚げさんまのキムチサラダ …………… 156

▷ **紫キャベツ**
紫キャベツとにんじんのコールスロー ……… 027
キウイと豚肉のココナッツサラダ …………… 172

▷ **紫玉ねぎ**
冷やしトマトのアンチョビサラダ …………… 012
マッシュルームのファルシーサラダ ………… 018
紫玉ねぎと生ハムのマリネ …………………… 025
とうもろこしとサルサチキンのサラダ ……… 035
サーモンのセビーチェ ………………………… 052
ハワイ風ポキサラダ …………………………… 055
かいわれ大根としらすの黒酢ジュレサラダ … 068
揚げれんこんと牛しぐれのサラダ …………… 089
ケイジャンチキンサラダ ……………………… 114
クレソンと牛肉のヤムヌアサラダ …………… 116
具だくさんガパオサラダ ……………………… 120
グリーンカレーそぼろのヤムウンセン ……… 126

▷ **芽キャベツ**
芽キャベツとじゃがいもの
　アンチョビバターサラダ …………………… 028

▷ **もやし**
肉みそもやしの温玉サラダ …………………… 085
薬味たっぷり！しょうが焼きサラダ ………… 094
インドネシア風ガドガドサラダ ……………… 122
もやしと豚そぼろのすりごま花椒サラダ …… 141

▷ **モロヘイヤ**
納豆とモロヘイヤのネバネバ春雨サラダ …… 102

▷ **ヤングコーン**
ヤングコーンと豚肉のトマトチリサラダ …… 038
トムヤムクン風柑橘サラダ …………………… 112
ヤングコーンと鶏肉のクミンサラダ ………… 115

▷ **ラディッシュ**
いかとラディッシュの海鮮サラダ …………… 050
かじきチーズフライの彩りサラダ …………… 054

▷ **ルッコラ**
マッシュルームとルッコラのレモンサラダ …… 010
柿とルッコラのサラダ ………………………… 182

▷ **レタス**
ヤングコーンと豚肉のトマトチリサラダ …… 038
かじきチーズフライの彩りサラダ …………… 054
彩り野菜と竜田揚げのゆずサラダ …………… 080
薬味たっぷり！しょうが焼きサラダ ………… 094
具だくさんガパオサラダ ……………………… 120
レタスと台湾風そぼろのサラダ ……………… 123
ツナドライカレーのレタス巻き ……………… 131
えびチリサラダ ………………………………… 154
まいたけと干しえびの中華風サラダ ………… 160

▷ **れんこん**
れんこんとエリンギのジェノバサラダ ……… 020
揚げれんこんと牛しぐれのサラダ …………… 089
れんこんのガーリックペッパーサラダ ……… 187

▷ **ロメインレタス**
シーザーサラダ ………………………………… 024
レモンガーリックシュリンプサラダ ………… 048
チーズタッカルビ風レタスサラダ …………… 151

▷ **わさび菜**
牡蠣とわさび菜の和風サラダ ………………… 073

——— きのこ類 ———

▷ **えのき**
アボカドとなめこの和風みそサラダ ………… 106

▷ **エリンギ**
れんこんとエリンギのジェノバサラダ ……… 020
ごぼうと手羽中の甘辛ホットサラダ ………… 087
ハーブビネガーサラダ（4種きのこ）………… 196
和風マリネ（4種きのこ）……………………… 196
ハニーナンプラーサラダ（4種きのこ）……… 197
韓国ナムル（4種きのこ）……………………… 197

▷ **しいたけ**
しいたけと白子のポン酢バターサラダ ……… 070
レタスと台湾風そぼろのサラダ ……………… 123
ハーブビネガーサラダ（4種きのこ）………… 196
和風マリネ（4種きのこ）……………………… 196
ハニーナンプラーサラダ（4種きのこ）……… 197
韓国ナムル（4種きのこ）……………………… 197

▷ **しめじ**
ほうれん草としめじのアヒージョサラダ …… 019
キャベツとあさりの酒蒸しサラダ …………… 072

枝豆とひじきの梅肉サラダ ……………………… 108
エゴマの葉と豚しゃぶの旨塩サラダ ………… 140
ハーブビネガーサラダ（4種きのこ） ……… 196
和風マリネ（4種きのこ） ……………………… 196
ハニーナンプラーサラダ（4種きのこ） …… 197
韓国ナムル（4種きのこ） ……………………… 197

▷ **なめこ**
アボカドとなめこの和風みそサラダ ………… 106

▷ **まいたけ**
牛肉とミニトマトのバルサミコサラダ ………… 043
まいたけとじゃがいものゆずマヨサラダ ……… 107
スイートチリチキンのエスニックサラダ ……… 124
まいたけと干しえびの中華風サラダ …………… 160
ハーブビネガーサラダ（4種きのこ） ……… 196
和風マリネ（4種きのこ） ……………………… 196
ハニーナンプラーサラダ（4種きのこ） …… 197
韓国ナムル（4種きのこ） ……………………… 197

▷ **マッシュルーム（ホワイト、ブラウン）**
マッシュルームとルッコラのレモンサラダ …… 010
マッシュルームのファルシーサラダ …………… 018
カマンベールチーズのグリルチキンサラダ …… 033
マッシュルームの明太マヨサラダ ……………… 191

──────── くだもの ────────

▷ **アボカド**
5種の具だくさんコブサラダ …………………… 022
タコライス風温玉サラダ ………………………… 040
えびアボカドの明太マカロニサラダ …………… 046
サーモンのセビーチェ …………………………… 052
ハワイ風ポキサラダ ……………………………… 055
牛しゃぶとアボカドの和風ごちそうサラダ …… 090
アボカドとなめこの和風みそサラダ …………… 106
インドネシア風ガドガドサラダ ………………… 122

▷ **いちご**
いちごとクレソンのカッテージチーズサラダ … 178

▷ **オリーブ（黒・種なし）**
ガーリックトーストのパンツァネッラサラダ … 045

▷ **オレンジ**
オレンジと小松菜のカリカリサラダ …………… 174

▷ **柿**
柿とルッコラのサラダ …………………………… 182

▷ **キウイフルーツ**
キウイと豚肉のココナッツサラダ ……………… 172

▷ **金柑**
金柑とパクチーのサラダ ………………………… 180

▷ **栗（むき甘栗）**
りんごと栗のポテサラ …………………………… 183

▷ **グレープフルーツ**
グレープフルーツとほたてのマリネ …………… 175

▷ **すだち**
春菊と牛たたきのすだちサラダ ………………… 088

▷ **パイナップル**
パイナップルとパクチーのタイサラダ ………… 181

▷ **マスカット（種なし）**
マスカットのカプレーゼ ………………………… 179

▷ **マンゴー**
サーモンとマンゴーのヤムサラダ ……………… 128

▷ **メロン**
メロンとローストビーフのサラダ ……………… 176

▷ **ゆず**
彩り野菜と竜田揚げのゆずサラダ ……………… 080

▷ **ライム**
とうもろこしとサルサチキンのサラダ ………… 035
トムヤムクン風柑橘サラダ ……………………… 112

▷ **りんご**
りんごと栗のポテサラ …………………………… 183

▷ **レモン**
かぶと白いんげん豆のミントバターサラダ …… 013
レモンガーリックシュリンプサラダ …………… 048
ハワイ風ポキサラダ ……………………………… 055
レモン照り焼きチキンのサラダ ………………… 081
揚げさばのトルコ風サラダ ……………………… 130
れんこんのガーリックペッパーサラダ ………… 187

──────── 卵、乳製品 ────────

▷ **卵（味つけ卵、温泉卵、ゆで卵、卵黄のみ）**
5種の具だくさんコブサラダ …………………… 022
シーザーサラダ …………………………………… 024
チキン南蛮風タルタルサラダ …………………… 030
タコライス風温玉サラダ ………………………… 040
えびアボカドの明太マカロニサラダ …………… 046
たらことカニカマのカルボナーラ風スパサラ … 049
かじきチーズフライの彩りサラダ ……………… 054
キャベツと焼きつくねのお月見サラダ ………… 082
肉みそもやしの温玉サラダ ……………………… 085
いぶりがっこ味玉のポテサラ …………………… 096
具だくさんガパオサラダ ………………………… 120
インドネシア風ガドガドサラダ ………………… 122
デジカルビとキムチの豪快サラダ ……………… 138
アスパラのディルタルタルサラダ ……………… 194

▷ **豆乳（無調整）**
いかとラディッシュの海鮮サラダ ……………… 050
まいたけとじゃがいものゆずマヨサラダ ……… 107
オクラのすりごまみそサラダ …………………… 195

205

▷ **ヨーグルト（無糖）**
紫キャベツとにんじんのコールスロー ………… 027
タンドリーカリフラワーサラダ ………… 188

──────── 乾物 ────────

▷ **韓国のり**
カリカリ油揚げのチョレギサラダ ………… 166
白菜と豆腐の明太チゲサラダ ………… 171

▷ **きくらげ**
牛肉ときくらげの甘辛チャプチェサラダ ………… 146

▷ **切り干し大根**
にんじんと切り干し大根のナムル ………… 164

▷ **雑穀ミックス（今回は十六穀米）**
にんじんとローストポークの雑穀サラダ ………… 039

▷ **豆豉**
揚げいんげんとオクラの豆豉サラダ ………… 169

▷ **ナッツ（くるみ、ピーナッツなど）**
アスパラとかぼちゃのゴルゴンゾーラサラダ ………… 014
ハワイ風ポキサラダ ………… 055
クレソンと牛肉のヤムヌアサラダ ………… 116
水菜の生ハム巻き ………… 116
青パパイヤのソムタムサラダ ………… 117
オクラとサラダチキンの
　　ピーナッツバターサラダ ………… 125
にんにくの芽とひき肉のサラダ ………… 144
オクラのすりごまみそサラダ ………… 195

▷ **春雨**
納豆とモロヘイヤのネバネバ春雨サラダ ………… 102
グリーンカレーそぼろのヤムウンセン ………… 126
牛肉ときくらげの甘辛チャプチェサラダ ………… 146

──────── 漬け物 ────────

▷ **いぶりがっこ**
いぶりがっこと味玉のポテサラ ………… 096

▷ **梅干し**
枝豆とひじきの梅肉サラダ ………… 108

▷ **高菜漬け**
豚肉と高菜の明太ホットサラダ ………… 093

▷ **たくあん漬け**
納豆とモロヘイヤのネバネバ春雨サラダ ………… 102

▷ **野沢菜漬け**
野沢菜とささみのねぎ塩サラダ ………… 078

▷ **らっきょう漬け**
チキン南蛮風タルタルサラダ ………… 030
かじきチーズフライの彩りサラダ ………… 054

──── 缶詰食品、瓶詰食品 ────

▷ **アンチョビフィレ**
冷やしトマトのアンチョビサラダ ………… 012
焼きキャベツとベーコンの
　　バーニャカウダサラダ ………… 015
芽キャベツとじゃがいもの
　　アンチョビバターサラダ ………… 028
金柑とパクチーのサラダ ………… 180
ブロッコリーのアンチョビマヨサラダ ………… 188

▷ **うずらの卵（水煮）**
ガーリックトーストのパンツァネッラサラダ …… 045
具だくさん！海鮮あんかけサラダ ………… 162

▷ **オイルサーディン**
ほうれん草としめじのアヒージョサラダ ………… 019
オイルサーディンのパクチーサラダ ………… 053
枝豆とひじきの梅肉サラダ ………… 108

▷ **ケッパー**
オイルサーディンのパクチーサラダ ………… 053

▷ **コンビーフ缶**
コンビーフとローズマリーの
　　ジャーマンポテトサラダ ………… 044

▷ **コーン缶**
5種の具だくさんコブサラダ ………… 022
紫キャベツとにんじんのコールスロー ………… 027

▷ **ツナ缶（水煮）**
マッシュルームのファルシーサラダ ………… 018
千切り根菜とツナののりマヨサラダ ………… 074
ツナドライカレーのレタス巻き ………… 131
里芋の和風マッシュサラダ ………… 194

▷ **ザーサイ**
山盛り辛ねぎとザーサイのハムサラダ ………… 167
いんげんの台湾風サラダ ………… 193

▷ **白いんげん豆（水煮）**
かぶと白いんげん豆のミントバターサラダ …… 013
白いんげん豆とディルのサラダ ………… 190

▷ **トマト缶（カット）**
ナポリ風カポナータサラダ ………… 032

▷ **ひよこ豆（水煮）**
ひよこ豆とパセリのフレンチサラダ ………… 026

▷ **メンマ**
水菜と桜えびの四川風サラダ ………… 161

──── 大豆製品、発酵食品 ────

▷ **厚揚げ**
たけのこ厚揚げのしょうがサラダ ………… 104
インドネシア風ガドガドサラダ ………… 122

▷ 油揚げ
　カリカリ油揚げのチョレギサラダ ………… 166
▷ 豆腐（絹、木綿、おぼろ）
　あじの干物とひじきのガーリックサラダ ……… 064
　ブロッコリーと塩そぼろのあんかけサラダ …… 084
　白菜と豆腐の明太チゲサラダ ………………… 171
▷ 納豆
　納豆とモロヘイヤのネバネバ春雨サラダ …… 102
　納豆とキャベツの昆布マヨサラダ …………… 102
▷ キムチ
　デジカルビとキムチの豪快サラダ …………… 138
　チーズタッカルビ風レタスサラダ …………… 151
　春菊と揚げさんまのキムチサラダ …………… 156
　焼きごぼうのキムチサラダ …………………… 192

─────── チーズ ───────

▷ カッテージチーズ
　いちごとクレソンのカッテージチーズサラダ … 178
▷ カマンベールチーズ
　カマンベールチーズのグリルチキンサラダ …… 033
　トマトとカマンベールチーズのおかか和え …… 195
▷ クリームチーズ
　マッシュルームのファルシーサラダ ………… 018
　梅おかかディップのスティック野菜サラダ … 097
▷ ゴルゴンゾーラ
　アスパラとかぼちゃのゴルゴンゾーラサラダ … 014
▷ サワークリーム
　ポテトとカリフラワーのスイートチリサラダ … 021
▷ パルメザンチーズ（粉末）
　焼きキャベツとベーコンの
　　バーニャカウダサラダ ……………………… 015
　シーザーサラダ ……………………………… 024
　ナポリ風カポナータサラダ ………………… 032
　たらことカニカマのカルボナーラ風スパサラ … 049
　かじきチーズフライの彩りサラダ ………… 054
　みそ漬けささみと白菜のサラダ …………… 079
　水菜の生ハム巻き …………………………… 116
　タンドリーカリフラワーサラダ …………… 188
▷ ピザ用チーズ
　タコライス風温玉サラダ …………………… 040
　チーズタッカルビ風レタスサラダ ………… 151
▷ ブファーラ
　マスカットのカプレーゼ …………………… 179
▷ ブルーチーズ
　さつまいもと手羽元のグリルチーズサラダ …… 034

▷ マスカルポーネ
　グリルステーキのわさびマスカルポーネサラダ … 042
　メロンとローストビーフのサラダ ………… 176
▷ モッツァレラチーズ
　牛肉とミニトマトのバルサミコサラダ …… 043

─── ペースト類、ソース類など ───

▷ グリーンカレーペースト
　グリーンカレーそぼろのヤムウンセン …… 126
▷ スイートチリソース
　ポテトとカリフラワーのスイートチリサラダ … 021
　青パパイヤのソムタムサラダ ……………… 117
　スイートチリチキンのエスニックサラダ …… 124
　パイナップルとパクチーのタイサラダ …… 181
▷ 粒マスタード
　紫キャベツとにんじんのコールスロー …… 027
　里芋とチョリソーの粒マスタードサラダ …… 029
　さつまいもと手羽元のグリルチーズサラダ …… 034
▷ トムヤムクンペースト
　トムヤムクン風柑橘サラダ ………………… 112
▷ ピーナッツバター
　インドネシア風ガドガドサラダ …………… 122
　オクラとサラダチキンのピーナッツバターサラダ … 125
　ピーナッツマッシュパンプキン …………… 191

本書の制作に
ご協力頂いたサービス

大地を守る会

大地を守る会は、日本全国約2,000名の契約生産者の食材を産地からお客様のご自宅までお届けするサービスです。安全性やおいしさにこだわった野菜・肉・魚、加工食品、雑貨を毎週約900アイテム取り扱っています。大地を守る会だからこそお届けできる鮮度の高い商品をこれからもより多くの方々にお届けしてまいります。

HP　https://takuhai.daichi-m.co.jp/
TEL　0120-158-183
　　　受付時間 9:00〜17:00（月〜金）、
　　　　　　　 9:00〜13:00（土）

207

エダジュン

パクチー料理研究家。管理栄養士。管理栄養士資格取得後、株式会社スマイルズ入社。Soup Stock Tokyoの本社業務に携わり、2013年に独立。固定概念にとらわれずに料理を楽しむことを大切にしている。著書に『クセになる！ パクチーレシピブック』(PARCO出版)、『これ1品で献立いらず！ 野菜たっぷり具だくさんの主役スープ150』(誠文堂新光社) など。

撮影	福井裕子
デザイン	八木孝枝
スタイリング	木村遥
編集	太田菜津美 (nikoworks)
料理アシスタント	関沢愛美
制作協力	オイシックスドット大地株式会社
	AWABEES
	UTUWA

これ1品で献立いらず！
野菜と栄養たっぷりな具だくさんの主役サラダ200

2018年5月18日　発　行　　　　　　　　　　　NDC　596

著　者	エダジュン
発行者	小川雄一
発行所	株式会社 誠文堂新光社
	〒113-0033　東京都文京区本郷3-3-11
	[編集] 電話 03-5800-3614
	[営業] 電話 03-5800-5780
	http://www.seibundo-shinkosha.net/
印刷所	株式会社 大熊整美堂
製本所	和光堂 株式会社

検印省略

万一落丁、乱丁本は、お取り換えいたします。本書掲載記事の無断転用を禁じます。また、本書に掲載された記事の著作権は著者に帰属します。これらを無断で使用し、展示・販売・レンタル・講習会等を行うことを禁じます。

本書のコピー、スキャン、デジタル化等の無断複製は、著作権法上での例外を除き、禁じられています。本書を代行業者等の第三者に依頼してスキャンやデジタル化することは、たとえ個人や家庭内での利用であっても、著作権法上認められません。

JCOPY
〈(社)出版者著作権管理機構 委託出版物〉
本書を無断で複製複写（コピー）することは、著作権法上での例外を除き、禁じられています。本書をコピーされる場合は、そのつど事前に、(社) 出版者著作権管理機構(電話 03-3513-6969 / FAX 03-3513-6979 / e-mail : info@jcopy.or.jp) の許諾を得てください。

©2018, Edajun.
Printed in Japan

ISBN978-4-416-61856-7